韓国語コロケーション
名詞編

著 チョ・ヒチョル

MP3対応 CD-ROM付

Korean collocation

駿河台出版社

＊付属の CD-ROM についての注意事項

・収録されているファイルは、パソコンや携帯音楽プレーヤーなどで再生する MP3 形
　式となっております。CD-ROM をパソコンの CD ドライブに入れ、ファイルをパソ
　コンにコピーし、iTunes や Windows Media Player などの音声ソフトで再生して
　ください。(CD プレーヤー及び DVD プレーヤーでは再生できません。無理に再生し
　ようとすると、プレーヤーを破損する恐れもありますので、十分ご注意ください。)

・MP3 ファイルのスマートフォンでのご利用方法やパソコンからスマートフォンへの
　音声データの移動についてなどはご使用の機器のマニュアルをご覧ください。

まえがき

　韓国語も日本語に劣らず語彙が豊富です。しかし、学習者がやみくもに単語を1つ1つ覚えても、実は無駄が多いです。ことばは語と語の慣習的な結びつき、つまりコロケーションというものがあります。

　たとえば日本語は「風邪を引く」、「薬を飲む」ですが、韓国語では「감기에 걸리다（風邪にかかる）」、「약을 먹다（薬を食べる）」と言います。

　このように日本語には日本語独特の言い回しがあり、韓国語にも韓国語らしい決まった組み合わせがあります。韓国語の勉強において、単語、イディオム、文法なども大事ですが、この「コロケーション」も韓国語の勉強において欠かせません。

　しかし、これまで日本語ネイティブのための多くの韓国語の本が出されていますが、残念ながら韓国語コロケーションの本は見当たりません。

　韓国語を学ぶにはこのような語と語の組合せ、コロケーションを基礎の段階から覚えておくと韓国語力がアップするのは間違いないと思います。特に発信型のスピーキングやライティングで不自然な表現を使わないために重要性が増します。

　韓国語のコロケーションをしっかりと勉強していれば、瞬時に「電話に出る」は「전화를 받다（電話をもらう）」、「お金がかかる」は「돈이 들다（お金が入る）」という具合に自然な表現が使えるはずです。

　自然な単語の組み合わせを覚えることにより、自然な会話もできます。また、韓国のドラマや映画の聞き取り能力も上達し、メールなどの韓国語の文章を書く力も伸びていくに違いありません。

　本書を通じて韓国語の学習者が韓国語のコロケーションをもっともっと楽しんでもらえることをお祈りします。

チョ・ヒチョル

本書の使い方　009

1	愛・恋 사랑　012
2	あいさつ 인사　013
3	秋 가을　014
4	朝・朝ご飯 아침　015
5	足 발　016
6	脚 다리　017
7	味 맛　018
8	明日 내일　019
9	汗 땀　020
10	頭 머리　021
11	兄 **1** 형 **2** 오빠　022
12	雨 비　023
13	アメリカ 미국　024
14	家 집　025
15	医者 의사　026
16	椅子 의자　027
17	市場 시장　028
18	犬 개　029
19	今 지금　030
20	意味 뜻　031
21	色 색깔　032
22	**1** 上 위

	2 下 아래　033
23	歌 노래　034
24	**1** 内、中 안 **2** 外 밖　035
25	器 그릇　036
26	海 바다　037
27	運動 운동　038
28	絵 그림　039
29	映画 영화　040
30	英語 영어　041
31	鉛筆 연필　042
32	お母さん 어머니　043
33	おかず 반찬　044
34	お菓子 과자　045
35	お金 돈　046
36	お客さん 손님　047
37	**1** おじいさん 할아버지 **2** おばあさん 할머니　048
38	おしゃれ、趣 멋　049
39	音、声 소리　050
40	弟、妹 동생　051
41	**1** 男 남자 **2** 女 여자　052
42	大人 어른　053
43	踊り 춤　054
44	お腹 배　055
45	お昼ご飯 점심　056
46	終わり 끝　057

47	音楽 음악	058	74	薬 약	085	
48	外国 외국	059	75	果物 과일	086	
49	会社 회사	060	76	口 입	087	
50	顔 얼굴	061	77	靴 구두、신발	088	
51	鏡 거울	062	78	靴下 양말	089	
52	鍵 열쇠	063	79	首、喉 목	090	
53	学生 학생	064	80	雲 구름	091	
54	傘 우산	065	81	車（自動車）자동차	092	
55	風 바람	066	82	軍人 군인	093	
56	風邪 감기 (感気)	067	83	軍隊 군대	094	
57	家族 가족	068	84	警察 경찰	095	
58	肩 어깨	069	85	景色 경치	096	
59	学校 학교	070	86	結婚 결혼	097	
60	カバン 가방	071	87	健康 건강	098	
61	紙 종이	072	88	見物 구경	099	
62	体 몸	073	89	公園 공원	100	
63	川 강	074	90	交通 교통	101	
64	考え 생각	075	91	コーヒー 커피	102	
65	木 나무	076	92	心 마음	103	
66	切手 우표	077	93	腰 허리	104	
67	気分 기분	078	94	今年 올해	105	
68	キムチ 김치	079	95	言葉 말	106	
69	今日 오늘	080	96	子ども 아이, 어린이	107	
70	教室 교실	081	97	ご飯 밥	108	
71	牛乳 우유	082	98	ゴミ 쓰레기	109	
72	銀行 은행	083	99	これ、（それ、あれ、どれ） 이것, （그것, 저것, 어）	110	
73	空港 공항	084				

100	財布 지갑 111			126	スカート 치마 137	
101	魚 생선 112			127	スポーツ 스포츠 138	
102	酒 술 113			128	席 자리 139	
103	サッカー 축구 114			129	先生 선생님 140	
104	雑誌 잡지 115			130	空 하늘 141	
105	砂糖 설탕 116			131	大学 대학 142	
106	字 글자 117			132	太陽 해 143	
107	塩 소금 118			133	タクシー 택시 144	
108	時間 시간 119			134	タバコ 담배 145	
109	試験 시험 120			135	食べ物 음식 146	
110	仕事・こと 일 121			136	単語 단어 147	
111	辞典、辞書 사전 122			137	誕生日 생일 148	
112	自転車 자전거 123			138	血 피 149	
113	写真 사진 124			139	地下鉄 지하철 150	
114	授業 수업 125			140	力 힘 151	
115	宿題 숙제 126			141	チケット 표 152	
116	趣味 취미 127			142	地図 지도 153	
117	小説 소설 128			143	月 달 154	
118	食事 식사 129			144	机 책상 155	
119	食堂 식당 130			145	土 흙 156	
120	身長 키 131			146	手 손 157	
121	新聞 신문 132			147	手紙 편지 158	
122	睡眠 잠 133			148	テレビ 텔레비전 159	
123	スイカ 수박 134			149	天気 날씨 160	
124	数字、数 숫자 〈韓国語の数詞〉 135			150	電気 전기 161	
125	スープ 국 136			151	電話 전화 162	
				152	トイレ 화장실 163	

153	唐辛子 고추 164	179	バス 버스 190
154	動物 동물 165	180	発音 발음 191
155	時 때 166	181	花 꽃 192
156	時計 시계 167	182	鼻 코 193
157	歳 나이 168	183	話 이야기 194
158	図書館 도서관 169	184	歯磨き粉 치약 195
159	土地 땅 170	185	春 봄 196
160	友達 친구 171	186	パン 빵 197
161	ドラマ 드라마 172	187	番号 번호 198
162	鳥 새 173	188	火、灯り 불 199
163	仲 사이 174	189	ピアノ 피아노 200
164	夏 여름 175	190	ビール 맥주 201
165	名前 이름 176	191	1 東 동쪽
166	涙 눈물 177		2 西 서쪽
167	におい 냄새 178		3 南 남쪽
168	肉 고기 179		4 北 북쪽 202
169	荷物 짐 180	192	光 빛 203
170	人気 인기 181	193	飛行機 비행기 204
171	ネクタイ 넥타이 182	194	人 사람 205
172	猫 고양이 183	195	日にち・日取り 날짜 206
173	値段 값 184	196	病院 병원 207
174	歯 이 185	197	病気 병 208
175	ハサミ 가위 186	198	1 昼 낮
176	橋 다리 187		2 夜 밤 209
177	1 箸 젓가락	199	夫婦 부부 210
	2 スプーン 숟가락 188	200	服 옷 211
178	初めて 처음 189	201	豚 돼지 212
		202	船 배 213

203	冬 겨울 214	
204	プレゼント、贈り物 선물 215	
205	文、文字 글 216	
206	ベッド 침대 217	
207	部屋 방 218	
208	勉強 공부 219	
209	弁当 도시락 220	
210	帽子 모자 221	
211	放送 방송 222	
212	ボール 공 223	
213	星 별 224	
214	ホテル 호텔 225	
215	本 책 226	
216	毎日 매일 227	
217	**1** 前 앞	
	2 後ろ 뒤 228	
218	窓 창문 229	
219	マンション 아파트 230	
220	**1** 右 오른쪽	
	2 左 왼쪽 231	
221	水 물 232	
222	店 가게 233	
223	道 길 234	
224	**1** 息子 아들	
	2 娘 딸 235	
225	胸 가슴 236	
226	目 눈 237	

227	メール 메일 238
228	メガネ 안경 239
229	門 문 240
230	餅 떡 241
231	問題 문제 242
232	野球 야구 243
233	約束 약속 244
234	山 산 245
235	雪 눈 246
236	夢 꿈 247
237	曜日 요일 248
238	横、隣 옆 249
239	ラーメン 라면 250
240	ラジオ 라디오 251
241	両親、父母 부모 252
242	料理 요리 253
243	旅行 여행 254
244	リンゴ 사과 255
245	冷蔵庫 냉장고 256

用言活用一覧表　257

索引　260

本書の使い方

よく使われる単語の組み合わせ（コロケーション）を覚えて、韓国語の表現を増やしましょう！

〈**本書の特徴**〉

1 本書で扱っている単語は基本的であるがゆえにマスターすれば、韓国語の読む・書く・話す・聞くの語学の4技能の総合力が上達していくでしょう。韓国語の単語のうち、名詞を中心として使用頻度の高い語245語を取り上げました。

2 見出し語が使われている書籍の広告などの写真を載せ、その単語の実際の使用例に接し、覚えやすくしました。また、広告などを通じて、ハングルの手書きや変形した活字体にも慣れてほしい。

3 見出し語には平易な韓国語による簡単な語釈をつけ、また、それに日本語訳をほどこし、「韓韓辞典」にも慣れるように工夫しています

4 見出し語の単語に親しみを持ってもらうために、語釈の下には各語の文化的な説明を付け加えました。

5 見出し語の用例は、使用頻度が高かったり、また、日本語ネイティブが間違いやすかったりするものを中心として、各5つずつのコロケーションを提示し、そこに実際に会話でよく使われる「ヘヨ体」も付け加え、学習者がいちばん苦手とする活用にも慣れるように配慮しました。

009

見出し語は
あいうえお順です。

韓韓辞典風に見出し語
を説明しています。最
初は難しく感じるかも
しれませんが、まずは
挑戦してみましょう。

037

1 おじいさん 할아버지
2 おばあさん 할머니

■ TRACK NO.037

1 아버지나 어머니의 아버지. 또는 나이가 많은 남자.
〈父や母のお父さん。または歳の多い男性。〉

2 아버지나 어머니의 어머니. 또는 나이가 많은 여자.
〈父や母のお母さん。または歳の多い女性。〉

韓国では取り立てて母方の祖父母を表すときは「외할아버
지 (外-)」、「외할머니 (外-)」と言います。また、「サンタのおじさ
ん」は、「산타할아버지 (サンタのおじさん)」と言います。

見出し語の
文化的な説明です。

할아버지를 **만나다** (おじいさんに会う)	→	할아버지를 **만나요** (おじいさんに会います)
할아버지가 **자상하다** (おじいさんが優しい)	→	할아버지가 **자상해요** (おじいさんが優しいです)
할아버지한테 **혼나다** (おじいさんに叱られる)	→	할아버지한테 **혼나요** (おじいさんに叱られます)
할머니가 **가르치다** (おばあさんが教える)	→	할머니가 **가르쳐요** (おばあさんが教えます)
할머니가 **이야기하다** (おばあさんがお話しする)	→	할머니가 **이야기해요** (おばあさんがお話しします)

左側は原形、右側は
活用した表現です。
両方いっしょに覚え
てしまいましょう。

048

○音声は、**見出し語**：日本語→韓国語、**フレーズ**：日本語の原形
→日本語の活用形→韓国語の原形→韓国語の活用形の順となっ
ています。

○リズムよく原形と活用形を口ずさんでください。自然と頭に入
ってくるでしょう。

巻末には、用言活用一覧表もありますので、適宜ご参照ください

(!) 本書の音声は、MP3対応CD-ROMとなっております。CDプレーヤーや
DVDプレーヤーでは再生できませんので、ご注意ください。

音声収録時間：約3時間45分

010

韓国語コロケーション
名詞編

著 チョ・ヒチョル

MP3対応
CD-ROM付

駿河台出版社

愛・恋 사랑

어떤 상대를 좋아하는 마음.
〈ある相手を愛する気持ち。〉

日本語の「愛」や「恋」はいずれも「사랑」です。「사랑」という言葉は広く使われ、K-POPにおいても「사랑」という言葉は欠かせません。

사랑을 하다 (愛する)	→	사랑을 해요 (愛します)
사랑을 나누다 (愛を分かち合う)	→	사랑을 나눠요 (愛を分かち合います)
사랑을 받다 (愛される)	→	사랑을 받아요 (愛されます)
사랑을 주다 (愛を与える)	→	사랑을 줘요 (愛を与えます)
사랑에 빠지다 (恋に落ちる)	→	사랑에 빠졌어요 (恋に落ちました)

あいさつ 인사(インサ) 002

다른 사람을 만나거나 헤어질 때 말이나 절을 주고 받는 것. 또는 그 말이나 절.
〈人に会ったときや別れるときに、言葉やお辞儀をやり取りすること。また、その言葉やお辞儀。〉

「인사」は漢字語で、「人事」と書きます。もちろん「인사(人事)」には、日本語と同じく職場などでの「人事」の意味もあります。

인사를 하다 (あいさつをする)	→	인사를 해요 (あいさつをします)
인사를 받다 (あいさつをされる)	→	인사를 받아요 (あいさつをされます)
인사를 주고받다 (あいさつを交わす)	→	인사를 주고받아요 (あいさつを交わします)
인사를 나누다 (あいさつをやり取りする)	→	인사를 나눠요 (あいさつをやり取りします)
인사를 드리다 (あいさつを申し上げる)	→	인사를 드려요 (あいさつを申し上げます)

秋 가을

여름 다음에 오는 시원한 계절.
〈夏の次に来る涼しい季節。〉

ひと昔前の韓国では、女性が好きな季節は春、男性は秋が多かったですが、最近はその傾向が薄らいでいます。

가을은 **시원하다** (秋は涼しい)	→	가을은 **시원해요** (秋は涼しいです)
가을이 **되다** (秋になる)	→	가을이 **돼요** (秋になります)
가을에 **단풍이 들다** (秋に紅葉する)	→	가을에 **단풍이 들어요** (秋に紅葉します)
가을이 **오다** (秋が来る)	→	가을이 **와요** (秋が来ます)
가을이 **가다** (秋が終わる)	→	가을이 **가요** (秋が終わります)

朝・朝ご飯 아침　004

날이 샐 때부터 하루의 일과가 시작되는 무렵까지의 시간.
〈夜が明けてから、一日の日課が始まる頃までの時間。〉

韓国語の「아침」は時を表す「朝」という意味の他に、「朝ご飯」という意味もあります。

아침에 **일어나다** (朝、起きる)	→	아침에 **일어나요** (朝、起きます)
아침에 **깨우다** (朝、起こす)	→	아침에 **깨워요** (朝、起こします)
아침에 **눈을 뜨다** (朝、目が覚める)	→	아침에 **눈을 떠요** (朝、目が覚めます)
아침을 **먹다** (朝ご飯を食べる)	→	아침을 **먹어요** (朝ご飯を食べます)
아침을 **굶다** (朝ご飯を抜く)	→	아침을 **굶어요** (朝ご飯を抜きます)

005 足 발 [パル]

사람이나 동물의 다리 아래에 있는, 걸을 때 땅에 닿은 부분.
〈人や動物の脚の下にある、歩くとき地面に触れる部分。〉

日本語の「あし（足）」は「발」、「あし（脚）」は「다리」と言います。

발로 차다 (足で蹴る)	→	발로 차요 (足で蹴ります)
발이 붓다 (足が腫れる)	→	발이 부어요 (足が腫れます)
발을 씻다 (足を洗う)	→	발을 씻어요 (足を洗います)
발을 밟다 (足を踏む)	→	발을 밟았어요 (足を踏みました)
발을 삐다 (足をくじく)	→	발을 삐었어요 (足をくじきました)

脚 다리

몸을 지탱하며 서거나 걷거나 뛰거나 걷는 일을 하는 발목 위의 부분.
〈体を支えて、立ったり、歩いたり、走ったりする足首の上の部分。〉

韓国語の俗語で、長い脚は「롱다리」、短い脚は「숏다리」と言います。「롱」はロング、「숏」はショートです。

다리가 **아프다** (脚が痛い)	→	다리가 **아파요** (脚が痛いです)
다리가 **길다** (脚が長い)	→	다리가 **길어요** (脚が長いです)
다리가 **짧다** (脚が短い)	→	다리가 **짧아요** (脚が短いです)
다리가 **예쁘다** (脚が綺麗だ)	→	다리가 **예뻐요** (脚が綺麗です)
다리가 **날씬하다** (脚がすらりとしている)	→	다리가 **날씬해요** (脚がすらりとしています)

味 맛

혀로 느끼는 단맛, 매운맛, 쓴맛 등의 느낌.
〈舌で感じる、甘い・辛い・苦いなどの感じ。〉

「맛」は「味」、「있다」は「ある」、「없다」は「ない」。「맛있다」は「味がある」ということから「おいしい」、「맛없다」は「味がない」ということから「まずい」という意味で使われています。

맛이 **좋다** (味が良い)	→	맛이 **좋아요** (味が良いです)
맛이 **없다** (味がまずい)	→	맛이 **없어요** (味がまずいです)
맛이 **짜다** (味が塩辛い)	→	맛이 **짜요** (味が塩辛いです)
맛을 **내다** (味つけする)	→	맛을 **내요** (味つけします)
맛이 나다 (味がする)	→	**맛이 나요** (味がします)

明日 내일

오늘의 바로 다음날.
〈今日のすぐ次の日。〉

「明日」の意味の「내일」は漢字語で「来日」と書きます。
もともとは「来る日」という意味です。

내일 **만나다** (明日会う)	→	내일 **만나요** (明日会います)
내일은 **바쁘다** (明日は忙しい)	→	내일은 **바빠요** (明日は忙しいです)
내일 **오다** (明日来る)	→	내일 **와요** (明日来ます)
내일로 **미루다** (明日に延ばす)	→	내일로 **미루어요** (明日に延ばします)
내일은 **괜찮다** (明日は大丈夫だ)	→	내일은 **괜찮아요** (明日は大丈夫です)

汗 땀 <small>ッタム</small>

덥거나 운동할 때 피부를 통하여 나오는 수분.
〈暑いときや、運動をしたときなど、皮膚から出る水分。〉

「땀」には「피（血）」や「눈물（涙）」と共に、比喩的に「大変な努力」という意味もあります。

땀이 **나다** (汗が出る)	→	땀이 **나요** (汗が出ます)
땀을 **흘리다** (汗を流す)	→	땀을 **흘려요** (汗を流します)
땀이 **흐르다** (汗が流れる)	→	땀이 **흘러요** (汗が流れます)
땀을 **닦다** (汗を拭く)	→	땀을 **닦아요** (汗を拭きます)
땀에 **젖다** (汗で湿る)	→	땀에 **젖어요** (汗で湿ります)

頭 머리

사람이나 동물의 목 위의 부분.
〈人や動物の首の上の部分。〉

「머리」には「頭」の他に「髪(머리카락)」という意味があります。

머리가 **좋다** (頭がいい)	→	머리가 **좋아요** (頭がいいです)
머리가 **아프다** (頭が痛い)	→	머리가 **아파요** (頭が痛いです)
머리를 **감다** (髪を洗う)	→	머리를 **감아요** (髪を洗います)
머리를 깎다 (散髪をする)	→	**머리를 깎아요** (散髪をします)
머리를 **묶다** (髪を結ぶ)	→	머리를 **묶어요** (髪を結びます)

兄 1 형 2 오빠

1 남자 동생이 자기보다 나이가 많은 남자 형제를 이르는 말.
〈弟が自分より年上の男兄弟を指す言葉。〉

2 여자 동생이 자기보다 나이가 많은 남자 형제를 이르는 말.
〈妹が自分より年上の男兄弟を指す言葉。〉

韓国語の「兄」という言葉は2通りがあり、弟から見た兄は「형」、妹から見た兄は「오빠」と言います。

형이 **있다** (兄が いる)	→	형이 **있어요** (兄が います)
형을 **만나다** (兄に 会う)	→	형을 **만나요** (兄に 会います)
형이 **좋다** (兄が 良い)	→	형이 **좋아요** (兄が 良いです)
오빠를 **좋아하다** (兄が 好きだ)	→	오빠를 **좋아해요** (兄が 好きです)
오빠를 **따르다** (兄を 慕う)	→	오빠를 **따라요** (兄を 慕います)

雨 비 012

TRACK NO.012

구름이 물방울이 되어 땅에 떨어지는 것.
〈雲が水滴になって地面に落ちるもの。〉

韓国語では雨や雪は「내리다 (降りる)」の他に「오다 (来る)」という表現もよく使います。

비가 **내리다** (雨が降る)	→	비가 **내려요** (雨が降ります)
비가 **오다** (雨が降る)	→	비가 **와요** (雨が降ります)
비가 **그치다** (雨が止む)	→	비가 **그쳐요** (雨が止みます)
비를 **맞다** (雨に打たれる)	→	비를 **맞아요** (雨に打たれます)
비에 **젖다** (雨に濡れる)	→	비에 **젖어요** (雨に濡れます)

アメリカ 미국 _{ミクク}

북미 대륙에 있는 나라. 수도는 워싱턴이다.
〈北米大陸にある国。首都はワシントンである。〉

アメリカのことを日本では「米国」と漢字表記しますが、韓国では「美国」と書き表します。

미국에 **가다** (アメリカに行く)	→	미국에 **가요** (アメリカに行きます)
미국에서 **오다** (アメリカから来る)	→	미국에서 **와요** (アメリカから来ます)
미국에 **살다** (アメリカで暮らす)	→	미국에 **살아요** (アメリカで暮らします)
미국은 **멀다** (アメリカは遠い)	→	미국은 **멀어요** (アメリカは遠いです)
미국에 **유학을 가다** (アメリカに留学する)	→	미국에 **유학을 가요** (アメリカに留学します)

사람이 살기 위해 지은 건물.
〈人が住むために建てた建物。〉

「집」はもともと「家」のことですが、「술집（居酒屋）」「담배집（タバコ屋）」「빵집（パン屋）」「꽃집（花屋）」など「お店」の意味としてもよく使われています。

집을 **사다** (家を買う)	→	집을 **사요** (家を買います)
집을 **찾다** (家を探す)	→	집을 **찾아요** (家を探します)
집을 **구하다** (家を探す)	→	집을 **구해요** (家を探します)
집을 **떠나다** (家を出る)	→	집을 **떠나요** (家を出ます)
집을 **짓다** (家を建てる)	→	집을 **지어요** (家を建てます)

医者 의사

환자를 진찰하고 치료하는 일을 직업으로 하는 사람.
〈患者を診察したり、治療したりすることを仕事とする人。〉

「医師」も「医者」も「의사」と言います。また、「看護師」はもともと「간호원 (看護員)」と呼ばれましたが、今は「간호사 (看護師)」と言います。

의사가 **되다** (医者になる)	→	의사가 **됐어요** (医者になりました)
의사가 **진찰하다** (医者が診察する)	→	의사가 **진찰해요** (医者が診察します)
의사가 **권하다** (医者が勧める)	→	의사가 **권해요** (医者が勧めます)
의사가 **병을 고치다** (医者が病気を治す)	→	의사가 **병을 고쳐요** (医者が病気を治します)
의사를 **만나다** (医者に会う)	→	의사를 **만나요** (医者に会います)

椅子 의자 016

앉을 때 쓰는 가구.
〈腰かけるときに使う家具。〉

> ひと昔前までは、学校の「椅子」はよく「걸상」という言葉を使っていました。

의자에 **앉다** (椅子に座る)	→	의자에 **앉아요** (椅子に座ります)
의자에 **기대다** (椅子にもたれかかる)	→	의자에 **기대요** (椅子にもたれかかります)
의자에서 **일어나다** (椅子から立ち上がる)	→	의자에서 **일어나요** (椅子から立ち上がります)
의자가 **편하다** (椅子が楽だ)	→	의자가 **편해요** (椅子が楽です)
의자가 **딱딱하다** (椅子が硬い)	→	의자가 **딱딱해요** (椅子が硬いです)

017 市場 시장

생활에 필요한 물건들을 파는 가게가 모여 있는 장소.
〈生活に必要な品物を売る店が集まっているところ。〉

「市場」は日本語では「イチバ」と「シジョウ」という使い分けがありますが、韓国語はいずれも「시장（市場）」です。

시장에 **가다** （市場に行く）	→	시장에 **가요** （市場に行きます）
시장을 **구경하다** （市場を見物する）	→	시장을 **구경해요** （市場を見物します）
시장에서 **사다** （市場で買う）	→	시장에서 **사요** （市場で買います）
시장이 **서다** （市場が立つ）	→	시장이 **서요** （市場が立ちます）
시장이 **값싸다** （市場が安い）	→	시장이 **값싸요** （市場が安いです）

犬 개 018

애완용이나 집을 지키는 용으로 집에서 기르는 동물.
〈ペットや家の番（見張り）などの目的で家で飼われる動物。〉

「子犬」は「강아지」と言います。

개를 **기르다** （犬を飼う）	→	개를 **길러요** （犬を飼います）
개를 **키우다** （犬を育てる）	→	개를 **키워요** （犬を育てます）
개가 **귀엽다** （犬が可愛い）	→	개가 **귀여워요** （犬が可愛いです）
개한테 **물리다** （犬に噛まれる）	→	개한테 **물렸어요** （犬に噛まれました）
개가 **무섭다** （犬が怖い）	→	개가 **무서워요** （犬が怖いです）

019 今 지금

현재 바로 이 시간.
〈現在、まさにこの時間。〉

「지금」は漢字語で「只今」と書きます。

지금은 **바쁘다** (今は忙しい)	→	지금은 **바빠요** (今は忙しいです)
지금은 **괜찮다** (今は大丈夫だ)	→	지금은 **괜찮아요** (今は大丈夫です)
지금은 **잊다** (今は忘れる)	→	지금은 **잊었어요** (今は忘れました)
지금이 **중요하다** (今が重要だ)	→	지금이 **중요해요** (今が重要です)
지금 **집에 없다** (今留守だ)	→	지금 **집에 없어요** (今留守です)

意味 뜻 020

말이나 문장 등이 나타내는 본래의 내용.
〈言葉や文が表している本来の内容。〉

「뜻」は固有語、「의미(意味)」は漢字語で、いずれも「意味」という意味でよく使われます。

뜻을 **알다** (意味が分かる)	→	뜻을 **알아요** (意味が分かります)
뜻을 **모르다** (意味を知らない)	→	뜻을 **몰라요** (意味を知りません)
뜻을 **조사하다** (意味を調べる)	→	뜻을 **조사해요** (意味を調べます)
뜻을 **전하다** (意味を伝える)	→	뜻을 **전해요** (意味を伝えます)
뜻이 **깊다** (意味が深い)	→	뜻이 **깊어요** (意味が深いです)

021 色 색깔

빨강, 파랑, 노랑 등의 시각으로 느끼는 빛의 파장의 차이.
〈赤、青、黄色などの、視覚で感じる光の波長の違い。〉

「색」は「色」という意味ですが、「색깔」は「色合い」くらいの意味です。

색깔이 **예쁘다** (色が綺麗だ)	→	색깔이 **예뻐요** (色が綺麗です)
색깔이 **진하다** (色が濃い)	→	색깔이 **진해요** (色が濃いです)
색깔이 **밝다** (色が明るい)	→	색깔이 **밝아요** (色が明るいです)
색깔이 **어둡다** (色が暗い)	→	색깔이 **어두워요** (色が暗いです)
색깔을 **칠하다** (色を塗る)	→	색깔을 **칠해요** (色を塗ります)

1 上 위 　2 下 아래　022

1 (어떤 기준보다) 높은 곳.
〈(ある基準より) 高いところ。〉

2 (어떤 기준보다) 낮은 곳.
〈(ある基準より) 低いところ。〉

> 「下」は「아래」の他に「밑」という言葉もありますが、「밑」はある物のすぐ下や底を表すときに使います。

위에 **있다** (上にある)	→	위에 **있어요** (上にあります)
위에 **놓다** (上に置く)	→	위에 **놓아요** (上に置きます)
위로 **올라가다** (上に上がる)	→	위로 **올라가요** (上に上がります)
아래로 **떨어지다** (下に落ちる)	→	아래로 **떨어져요** (下に落ちます)
아래로 **가다** (下に行く)	→	아래로 **가요** (下に行きます)

023 歌 노래

말에 곡조를 붙여 소리 내어 부르는 것.
〈言葉に曲をつけて声に出して歌うもの。〉

「カラオケ」は「노래방」と言います。

노래를 **부르다** (歌を歌う)	→	노래를 **불러요** (歌を歌います)
노래를 **하다** (歌を歌う)	→	노래를 **해요** (歌を歌います)
노래를 **듣다** (歌を聴く)	→	노래를 **들어요** (歌を聴きます)
노래가 **아름답다** (歌が美しい)	→	노래가 **아름다워요** (歌が美しいです)
노래가 **좋다** (歌が良い)	→	노래가 **좋아요** (歌が良いです)

1 内、中 안 2 外 밖 024

1 어떤 공간이나 시간의 가운데 쪽 부분.
〈ある空間や時間の内側の部分。〉

2 어떤 공간이나 시간의 바깥쪽 부분.
〈ある空間や時間の外側の部分。〉

> 「안방（内の部屋）」は「夫婦の寝室」、「안사람（内の人）」は「家内」の意味です。

안으로 **들어가다** (中に入る)	→	안으로 **들어가요** (中に入ります)
안에 **있다** (中にいる)	→	안에 **있어요** (中にいます)
안으로 **들이다** (中に入れる)	→	안으로 **들여요** (中に入れます)
밖으로 **나가다** (外に出る)	→	밖으로 **나가요** (外に出ます)
밖을 **내다보다** (外を眺める)	→	밖을 **내다봐요** (外を眺めます)

025 器 그릇

음식을 담는 데 쓰는 물건.
〈食べ物を入れるのに使う物。〉

「그릇」は器、食器の意味ですが、「밥 한 그릇（ご飯一杯）」という具合に「‐杯」という助数詞としても使われます。

그릇에 담다 (器に盛る)	→	그릇에 담아요 (器に盛ります)
그릇을 깨다 (器を割る)	→	그릇을 깼어요 (器を割りました)
그릇을 씻다 (器を洗う)	→	그릇을 씻어요 (器を洗います)
그릇을 바꾸다 (器を替える)	→	그릇을 바꾸었어요 (器を替えました)
그릇이 예쁘다 (器が綺麗だ)	→	그릇이 예뻐요 (器が綺麗です)

海 바다　026

지구에서 육지가 아닌 곳.
〈地球で陸地でないところ。〉

> 朝鮮半島は三面が海に囲まれています。東の海は「동해（東海：日本で言う日本海）」、南の海は「남해（南海）」、西の海は「서해（西海）」または「황해（黄海）」と言います。

바다가 **넓다** （海が広い）	→	바다가 **넓어요** （海が広いです）
바다가 **깊다** （海が深い）	→	바다가 **깊어요** （海が深いです）
바다가 **푸르다** （海が青い）	→	바다가 **푸르러요** （海が青いです）
바다를 **바라보다** （海を眺める）	→	바다를 **바라봐요** （海を眺めます）
바다에서 **놀다** （海で遊ぶ）	→	바다에서 **놀아요** （海で遊びます）

027 運動 운동 ウンドン

건강을 위해 몸을 움직이는 모든 활동.
〈健康のために体を動かす全ての活動。〉

「運動靴」は「운동화」、「体操着」は「운동복（運動服）」、「校庭」や「グラウンド」は「운동장（運動場）」と言います。

운동을 **하다** （運動をする）	→	운동을 **해요** （運動をします）
운동을 **좋아하다** （運動が好きだ）	→	운동을 **좋아해요** （運動が好きです）
운동을 **싫어하다** （運動が嫌いだ）	→	운동을 **싫어해요** （運動が嫌いです）
운동을 **즐기다** （運動を楽しむ）	→	운동을 **즐겨요** （運動を楽しみます）
운동을 **잘하다** （運動が得意だ）	→	운동을 **잘해요** （運動が得意です）

絵 그림 クリム 028

사물의 형태나 모습 등을 선이나 색을 사용해 그린 것.
〈物の形や様子などを、線や色を使って描いたもの。〉

「그림（絵）」は「그리다（描く）」からできた転成名詞です。

그림을 **그리다** (絵を描く)	→	그림을 **그려요** (絵を描きます)
그림을 **보다** (絵を見る)	→	그림을 **봐요** (絵を見ます)
그림을 **감상하다** (絵を鑑賞する)	→	그림을 **감상해요** (絵を鑑賞します)
그림이 **어둡다** (絵が暗い)	→	그림이 **어두워요** (絵が暗いです)
그림이 **예쁘다** (絵がかわいい)	→	그림이 **예뻐요** (絵がかわいいです)

029 映画 영화

어떤 사실이나 이야기 등을 촬영하여 스크린 등에 비쳐서 보이는 것.
〈ある事実や物語などを撮影し、スクリーンなどに映し出して見せるもの。〉

韓国でも映画館では팝콘（ポップコーン）を食べるのが定番になっていますが、ひと昔前까지도 오징어（スルメ）と 땅콩（ピーナッツ）でした。

영화를 **보다** （映画を見る）	→	영화를 **봐요** （映画を見ます）
영화를 **만들다** （映画を作る）	→	영화를 **만들어요** （映画を作ります）
영화가 **재미있다** （映画が面白い）	→	영화가 **재미있어요** （映画が面白いです）
영화를 **찍다** （映画を撮る）	→	영화를 **찍어요** （映画を撮ります）
영화를 **상영하다** （映画を上映する）	→	영화를 **상영해요** （映画を上映します）

英語 영어　030

영국, 미국 등에서 쓰는 말.
〈イギリス・アメリカなどで使われている言葉。〉

> 韓国での「英語（영어）」はとても大事で、修能試験（日本のセンター試験にあたる）の英語のリスニングの試験のときは前後30分間、全土で飛行機の離着陸も禁止されます。

영어를 **하다** （英語を話す）	→	영어를 **해요** （英語を話します）
영어를 **배우다** （英語を習う）	→	영어를 **배워요** （英語を習います）
영어를 **잘하다** （英語が上手だ）	→	영어를 **잘해요** （英語が上手です）
영어를 **잘못하다** （英語が苦手だ）	→	영어를 **잘못해요** （英語が苦手です）
영어가 **어렵다** （英語が難しい）	→	영어가 **어려워요** （英語が難しいです）

031 鉛筆 연필

가는 나무 가운데에 흑연으로 만든 심을 넣은 필기구.
〈細い木の中心に、黒鉛で作った芯を入れた筆記具。〉

「鉛筆」は「연필」、「万年筆」は「만년필」、「ボールペン」は「볼펜」、「色鉛筆」は「색연필」と言います。

연필로 **쓰다** (鉛筆で書く)	→	연필로 **써요** (鉛筆で書きます)
연필을 **깎다** (鉛筆を削る)	→	연필을 **깎아요** (鉛筆を削ります)
연필이 **길다** (鉛筆が長い)	→	연필이 **길어요** (鉛筆が長いです)
연필을 **쥐다** (鉛筆を握る)	→	연필을 **쥐어요** (鉛筆を握ります)
연필을 **준비하다** (鉛筆を準備する)	→	연필을 **준비해요** (鉛筆を準備します)

お母さん 어머니 オモニ

032

부모 중 여자 쪽.
〈両親のうち女性の方。〉

「お母さん」は「어머니」ですが、「母」や「母ちゃん」は「엄마」と言います。

어머니가 **계시다** → 어머니가 **계세요**
(お母さんが いる)　　(お母さんが います)

어머니를 **사랑하다** → 어머니를 **사랑해요**
(お母さんを 愛する)　　(お母さんを 愛します)

어머니를 **존경하다** → 어머니를 **존경해요**
(お母さんを 尊敬する)　　(お母さんを 尊敬します)

어머니를 **그리워하다** → 어머니를 **그리워해요**
(お母さんを 恋しがる)　　(お母さんを 恋しがります)

어머니가 **자상하다** → 어머니가 **자상해요**
(お母さんが 優しい)　　(お母さんが 優しいです)

033 おかず 반찬(パンチャン)

밥과 함께 먹는 부식물.
〈ご飯と一緒に食べる副食物。〉

반찬は漢字語で「飯饌」と書きます。また、「常備菜」のことは「밑반찬（下のおかずの意）」と言います。

반찬을 **만들다** （おかずを作る）	→	반찬을 **만들어요** （おかずを作ります）
반찬을 **차리다** （おかずを用意する）	→	반찬을 **차려요** （おかずを用意します）
반찬을 **젓가락으로 집다** （おかずをお箸で取る）	→	반찬을 **젓가락으로 집어요** （おかずをお箸で取ります）
반찬이 **모자라다** （おかずが足りない）	→	반찬이 **모자라요** （おかずが足りません）
반찬이 **맛있다** （おかずがおいしい）	→	반찬이 **맛있어요** （おかずがおいしいです）

お菓子 과자 034

밀가루 등에 설탕이나 우유 등을 넣어 굽거나 기름에 튀겨 만든 음식.
〈小麦粉などに砂糖や牛乳などを入れて焼いたり、油で揚げたりして作った食べ物。〉

韓国の과자の中には日本のお菓子に似ているものが多く、えびせんは「새우깡」、「おっとっと」は「고래밥」、「ポッキー」は「빼빼로」、「とんがりコーン」は「꼬깔콘」、「きのこの山」は「초코송이」です。

과자를 **먹다** (お菓子を食べる)	→	과자를 **먹어요** (お菓子を食べます)
과자를 **좋아하다** (お菓子が好きだ)	→	과자를 **좋아해요** (お菓子が好きです)
과자를 **만들다** (お菓子を作る)	→	과자를 **만들어요** (お菓子を作ります)
과자가 **달다** (お菓子が甘い)	→	과자가 **달아요** (お菓子が甘いです)
과자가 **맛있다** (お菓子がおいしい)	→	과자가 **맛있어요** (お菓子がおいしいです)

035 お金 돈

물건을 사고팔 때 주고받는 동전이나 지폐.
〈物を売り買いする際にやり取りする硬貨や紙幣。〉

「硬貨」は「동전(銅錢)」と言い、「100ウォン玉」は「100원짜리 동전」、「500ウォン玉」は「500원짜리 동전」と言います。

돈을 **벌다** (お金を稼ぐ)	→	돈을 **벌어요** (お金を稼ぎます)
돈을 **쓰다** (お金を使う)	→	돈을 **써요** (お金を使います)
돈을 **바꾸다** (お金を両替する)	→	돈을 **바꾸었어요** (お金を両替しました)
돈이 **모자라다** (お金が足りない)	→	돈이 **모자라요** (お金が足りないです)
돈이 **없다** (お金がない)	→	돈이 **없어요** (お金がないです)

お客さん 손님 036

집이나 가게에 들르는 사람.
〈家やお店に訪ねてくる人。〉

「손님」は「お客さん」ですが、「お得意さん」は「단골 손님」と言います。

손님을 **맞이하다** (お客さんを迎える)	→	손님을 **맞이해요** (お客さんを迎えます)
손님을 **기다리다** (お客さんを待つ)	→	손님을 **기다려요** (お客さんを待ちます)
손님을 **모시다** (お客さんをもてなす)	→	손님을 **모셔요** (お客さんをもてなします)
손님이 **많다** (お客さんが多い)	→	손님이 **많아요** (お客さんが多いです)
손님을 **초대하다** (お客さんを招待する)	→	손님을 **초대해요** (お客さんを招待します)

TRACK NO.036

037

1 おじいさん 할아버지 (ハラボジ)
2 おばあさん 할머니 (ハルモニ)

1 아버지나 어머니의 아버지. 또는 나이가 많은 남자.
〈父や母のお父さん。または歳の多い男性。〉

2 아버지나 어머니의 어머니. 또는 나이가 많은 여자.
〈父や母のお母さん。または歳の多い女性。〉

韓国では取り立てて母方の祖父母を表すときは「외할아버지 (外-)」、「외할머니 (外-)」と言います。また、「サンタのおじさん」は、「산타할아버지 (サンタのおじいさん)」と言います。

할아버지를 **만나다** (おじいさんに会う)	→	할아버지를 **만나요** (おじいさんに会います)
할아버지가 **자상하다** (おじいさんが優しい)	→	할아버지가 **자상해요** (おじいさんが優しいです)
할아버지한테 **혼나다** (おじいさんに叱られる)	→	할아버지한테 **혼나요** (おじいさんに叱られます)
할머니가 **가르치다** (おばあさんが教える)	→	할머니가 **가르쳐요** (おばあさんが教えます)
할머니가 **이야기하다** (おばあさんがお話しする)	→	할머니가 **이야기해요** (おばあさんがお話しします)

おしゃれ、趣 멋 038

(생김새와 차림새 등이) 세련되어 보기에 좋은 모양.
〈(外見や身なりなどが) 洗練され見た目が良い様子。〉

「멋」という言葉は「맛 (味)」と語源が同じです。また、オシャレな人のことを「멋쟁이」と言います。

멋이 **있다** (おしゃれだ)	→	멋이 **있어요** (おしゃれです)
멋을 **부리다** (おしゃれをする)	→	멋을 **부려요** (おしゃれをします)
멋을 **내다** (おしゃれをする)	→	멋을 **내요** (おしゃれをします)
멋을 **풍기다** (趣を醸し出す)	→	멋을 **풍겨요** (趣を醸し出します)
멋을 **느끼다** (趣を感じる)	→	멋을 **느껴요** (趣を感じます)

039 音、声 소리(ソリ)

공기를 통해 귀에 들리는 울림.
〈空気を伝わって、耳に聞こえる響き。〉

「소리」は「音」だけではなく「声」も意味します。また、とくに「声」ということを表すときは「목소리（喉の声）」と言います。

소리가 **나다** (音が する)	→	소리가 **나요** (音が します)
소리가 **들리다** (音が 聞こえる)	→	소리가 **들려요** (音が 聞こえます)
소리가 **크다** (音が 大きい)	→	소리가 **커요** (音が 大きいです)
소리를 **내다** (音を 出す)	→	소리를 **내요** (音を 出します)
소리를 **지르다** (声を 張り上げる)	→	소리를 **질러요** (声を 張り上げます)

弟、妹 동생 040

자기보다 나이가 어린 형제.
〈自分より年下の兄弟。〉

韓国語では、弟と妹を合わせて「동생（同生）」と言いますが、区別するときは「남동생（男同生）」、「여동생（女同生）」と言います。

동생이 **있다** （弟（妹）がいる）	→ 동생이 **있어요** （弟（妹）がいます）
동생을 **돌보다** （弟（妹）の世話をする）	→ 동생을 **돌봐요** （弟（妹）の世話をします）
동생이 **생기다** （弟（妹）ができる（生まれる））	→ 동생이 **생겨요** （弟（妹）ができます（生まれます））
동생이 **태어나다** （弟（妹）が生まれる）	→ 동생이 **태어났어요** （弟（妹）が生まれました）
동생을 **귀여워하다** （弟（妹）をかわいがる）	→ 동생을 **귀여워해요** （弟（妹）をかわいがります）

041 1 男 남자 2 女 여자

1 사람 중 여자가 아닌 사람.
〈人のうち、女でない人。〉

2 사람 중 남자가 아닌 사람.
〈人のうち、男でない人。〉

「남자（男子）」はおもに成人男子を、「여자（女子）」はおもに成人女性を指します。「男の子」は「남자 아이」、「女の子」は「여자 아이」と言います。

남자가 **씩씩하다** （男が凛々しい）	→	남자가 **씩씩해요** （男が凛々しいです）
남자가 **튼튼하다** （男が丈夫だ）	→	남자가 **튼튼해요** （男が丈夫です）
남자가 **용감하다** （男が勇敢だ）	→	남자가 **용감해요** （男が勇敢です）
여자가 **얌전하다** （女がおとなしい）	→	여자가 **얌전해요** （女がおとなしいです）
여자가 **상냥하다** （女が優しい）	→	여자가 **상냥해요** （女が優しいです）

大人 어른 [オルン] 042

다 큰 사람. 또는 나이 많은 사람을 높여 부르는 말.
〈一人前に成長した人。または歳を取った人を敬っていう語。〉

「어른」は「大人」ですが、近年、「老人」の尊敬表現として、よく「어르신」という言葉が使われています。

어른을 존경하다 (大人を尊敬する)	→	어른을 존경해요 (大人を尊敬します)
어른들께 인사를 하다 (大人たちに挨拶をする)	→	어른들께 인사를 해요 (大人たちに挨拶をします)
어른들이 말씀하시다 (大人たちがおっしゃる)	→	어른들이 말씀하세요 (大人たちがおっしゃいます)
어른들에게 혼나다 (大人たちに叱られる)	→	어른들에게 혼나요 (大人たちに叱られます)
어른들을 모시다 (大人たちをもてなす)	→	어른들을 모셔요 (大人たちをもてなします)

043 踊り 춤 [チュム]

음악에 맞추거나 흥이 나서 몸을 움직이는 것.
〈音楽に合わせたり、興が乗ったりして体を動かすこと。〉

韓国人は「춤（踊り）」が大好きです。何かにつけ若い人は「클럽（クラブ）」、中年の男女は「나이트클럽（ナイトクラブ）」、そして老人たちは「콜라텍（コーラテック）」というところに繰り出すことが多いです。

춤을 **추다** (踊りを踊る)	→	춤을 **추어요** (踊りを踊ります)
춤을 **즐기다** (踊りを楽しむ)	→	춤을 **즐겨요** (踊りを楽しみます)
춤을 **배우다** (踊りを習う)	→	춤을 **배워요** (踊りを習います)
춤이 **멋지다** (踊りが素敵だ)	→	춤이 **멋져요** (踊りが素敵です)
춤에 **빠지다** (踊りにハマる)	→	춤에 **빠져요** (踊りにハマります)

お腹 배 044

가슴과 다리 사이에 있는 몸의 앞 부분.
〈胸と脚の間にある体の前の部分。〉

ひと昔前は子どもが腹痛を訴えると、お母さんは「엄마 손은 약손 아기 배는 똥배（お母さんの手は薬の手、赤ちゃんのお腹はうんちのお腹）」と言いながら、マッサージしてくれました。

배가 **부르다** （お腹がいっぱいだ）	→	배가 **불러요** （お腹がいっぱいです）
배가 **고프다** （お腹が空く）	→	배가 **고파요** （お腹が空きます）
배가 **아프다** （お腹が痛い）	→	배가 **아파요** （お腹が痛いです）
배가 꺼지다 （消化できる）	→	**배가 꺼졌어요** （消化できました）
배가 **나오다** （お腹が出る）	→	배가 **나와요** （お腹が出ます）

045 お昼ご飯 점심

낮에 먹는 끼니.
〈昼に食べるご飯。〉

「점심」は漢字語で「点心」と書きます。日本語の「点心」は「딤섬」と言います。

점심을 **먹다** (昼食を食べる)	→	점심을 **먹어요** (昼食を食べます)
점심을 **사다** (昼食を買う)	→	점심을 **사요** (昼食を買います)
점심을 **거르다** (昼食を抜く)	→	점심을 **걸러요** (昼食を抜きます)
점심을 **굶다** (昼食を抜く)	→	점심을 **굶어요** (昼食を抜きます)
점심을 **차리다** (昼食を用意する)	→	점심을 **차려요** (昼食を用意します)

終わり 끝

시간, 공간 등의 마지막 부분.
〈時間や空間などの最後の部分。〉

「끝」は時間や物事の「終わり」だけではなく、空間の「端」も指します。

끝이 나다 (終わる)	→	**끝이 나요** (終わります)
끝을 내다 (終わらせる)	→	**끝을 내요** (終わらせます)
끝을 맺다 (端を結ぶ)	→	**끝을 맺어요** (端を結びます)
끝이 안 **좋다** (終わりが良くない)	→	끝이 안 **좋아요** (終わりが良くないです)
끝이 **안 보이다** (終わりが見えない)	→	끝이 **안 보여요** (終わりが見えません)

047 音楽 음악
_{ウ マク}

목소리나 악기 등으로 듣기 좋은 소리를 만드는 예술.
〈声や楽器などで、聴き心地の良い音を作る芸術。〉

「ドレミファソラシド」は「도레미파솔라시도」と言います。

음악을 **듣다** （音楽を聴く）	→	음악을 **들어요** （音楽を聴きます）
음악을 **감상하다** （音楽を鑑賞する）	→	음악을 **감상해요** （音楽を鑑賞します）
음악을 **연주하다** （音楽を演奏する）	→	음악을 **연주해요** （音楽を演奏します）
음악을 **좋아하다** （音楽が好きだ）	→	음악을 **좋아해요** （音楽が好きです）
음악이 **흐르다** （音楽が流れる）	→	음악이 **흘러요** （音楽が流れます）

外国 외국 048

자기 나라가 아닌 다른 나라.
〈自分の国以外の、よその国。〉

アメリカは「미국（美国）」、イギリスは「영국（英国）」、フランスは「프랑스」、ドイツは「독일（独逸）」、中国は「중국」、日本は「일본」と言います。

외국에 **가다** (外国に行く)	→	외국에 **가요** (外国に行きます)
외국에서 **살다** (外国で暮らす)	→	외국에서 **살아요** (外国で暮らします)
외국을 **좋아하다** (外国が好きだ)	→	외국을 **좋아해요** (外国が好きです)
외국에서 **돌아오다** (外国から帰って来る)	→	외국에서 **돌아와요** (外国から帰って来ます)
외국에 **나가다** (外国に出る)	→	외국에 **나가요** (外国に出ます)

049 会社 회사

일을 하여 돈을 벌기 위해 같이 돈을 내서 만든 조직.
〈仕事をしてお金を稼ぐために、お金を出し合って作った組織。〉

韓国の会社には、大小合わせて100以上もの「재벌（財閥）」というものがありますが、一般的に「재벌」は「家族や同族中心で経営されており、いくつもの子会社を傘下に抱えて展開している企業集団」です。また、その一族は大金持ちのイメージがあり、ドラマの好材料にもなります。

회사에 **가다** （会社に行く） →	회사에 **가요** （会社に行きます）
회사에 **다니다** （会社に通う） →	회사에 **다녀요** （会社に通います）
회사에 **들어가다** （会社に入る） →	회사에 **들어가요** （会社に入ります）
회사를 **그만두다** （会社を辞める） →	회사를 **그만뒀어요** （会社を辞めました）
회사에서 **일하다** （会社で働く） →	회사에서 **일해요** （会社で働きます）

顔 얼굴 050

입, 코, 눈 등이 있는 머리의 앞쪽 부분.
〈目、鼻、口などがある頭の前の部分。〉

> 「얼굴」は「낯」とも言いますが、「낯」と同じ発音の単語には「낫（鎌）」や「낮（昼）」というものがあります。

얼굴이 **예쁘다** (顔が綺麗だ)	→	얼굴이 **예뻐요** (顔が綺麗です)
얼굴을 **씻다** (顔を洗う)	→	얼굴을 **씻어요** (顔を洗います)
얼굴이 **밝다** (顔が明るい)	→	얼굴이 **밝아요** (顔が明るいです)
얼굴이 **빨개지다** (顔が赤くなる)	→	얼굴이 **빨개져요** (顔が赤くなります)
얼굴이 **잘생기다** (顔立ちが良い)	→	얼굴이 **잘생겼어요** (顔立ちが良いです)

051 鏡 거울

사람이나 물건의 모습을 비추어 보는 유리.
〈人や物の姿を映して見るガラス。〉

> 韓国では「수능시험（修学能力試験）」（日本の「センター試験」にあたる試験）の受験生に「거울（鏡）」をプレゼントしたりしますが、これは「시험을 보다（試験を見る＝試験を受ける）」を「거울을 보다（鏡を見る）」にかけたものです。

거울을 **보다** (鏡を見る)	→	거울을 **봐요** (鏡を見ます)
거울을 **닦다** (鏡を拭く)	→	거울을 **닦아요** (鏡を拭きます)
거울에 **비치다** (鏡に映る)	→	거울에 **비쳐요** (鏡に映ります)
거울이 **깨지다** (鏡が割れる)	→	거울이 **깨졌어요** (鏡が割れました)
거울을 **선물하다** (鏡を贈る)	→	거울을 **선물해요** (鏡を贈ります)

傘 우산 054

비, 눈을 피하기 위해 쓰는 도구.
〈雨や雪を避けるために使う道具。〉

韓国では「雨傘」は「우산 (雨傘)」、「日傘」は「양산 (陽傘)」と言います。

우산을 **쓰다** (傘を差す)	→	우산을 **써요** (傘を差します)
우산을 **펴다** (傘を開く)	→	우산을 **펴요** (傘を開きます)
우산을 **접다** (傘を閉じる)	→	우산을 **접어요** (傘を閉じます)
우산을 **말리다** (傘を乾かす)	→	우산을 **말려요** (傘を乾かします)
우산을 **잃어버리다** (傘を失くす)	→	우산을 **잃어버렸어요** (傘を失くしました)

055 風 바람

기압이 높은 곳에서 낮은 곳으로 움직이는 공기의 흐름.
〈気圧の高いところから低いところへ向かって動く空気の流れ。〉

「바람」は風だけでなく、自転車や風船に入れる「空気」も表します。

바람이 **불다** (風が吹く)	→	바람이 **불어요** (風が吹きます)
바람이 **세다** (風が強い)	→	바람이 **세요** (風が強いです)
바람이 **약하다** (風が弱い)	→	바람이 **약해요** (風が弱いです)
바람을 **쐬다** (風に当たる)	→	바람을 **쐬어요** (風に当たります)
바람을 **넣다** (空気を入れる)	→	바람을 **넣어요** (空気を入れます)

風邪 감기(感気) 056

열이 나거나 기침, 콧물 등이 나오는 병.
〈熱が出たり、せき・鼻水などが出たりする病気。〉

「감기」は漢字語で「感気」と書きます。「咳」は「기침」、「鼻水」は「콧물」、「熱」は「열」と言います。

감기에 **걸리다** (風邪をひく)	→	감기에 **걸려요** (風邪をひきます)
감기가 **들다** (風邪をひく)	→	감기가 **들어요** (風邪をひきます)
감기가 **낫다** (風邪が治る)	→	감기가 **나아요** (風邪が治ります)
감기로 **고생하다** (風邪で苦しむ)	→	감기로 **고생해요** (風邪で苦しみます)
감기가 **오래가다** (風邪が長引く)	→	감기가 **오래가요** (風邪が長引きます)

057 家族 가족
（カ ジョク）

한 곳에 모여 사는 부모와 자식으로 구성되는 집단.
〈1か所に集まって暮らす両親や子どもで構成される集団。〉

「가족（家族）」と同じ意味で、韓国独自の漢字語の「식구（食口）」という言葉もあります。

가족이 함께 **살다** （家族が一緒に暮らす）	→	가족이 함께 **살아요** （家族が一緒に暮らします）
가족이 **친하다** （家族が親しい）	→	가족이 **친해요** （家族が親しいです）
가족이 **많다** （家族が多い）	→	가족이 **많아요** （家族が多いです）
가족들이 **모이다** （家族が集まる）	→	가족들이 **모여요** （家族が集まります）
가족이 **없다** （家族がいない）	→	가족이 **없어요** （家族がいないです）

肩 어깨

목에서 팔까지 이어지는 몸통 부분.
〈首から腕までつながる胴体の部分。〉

「あたま・かた・ひざ・ポン」という手遊び歌は、韓国では「머리（頭）・어깨（肩）・무릎（膝）・발（足）」と言います。

어깨가 **넓다** （肩が広い）	→	어깨가 **넓어요** （肩が広いです）
어깨가 **좁다** （肩が狭い）	→	어깨가 **좁아요** （肩が狭いです）
어깨를 **펴다** （肩を張る）	→	어깨를 **펴요** （肩を張ります）
어깨를 **움추리다** （肩をすくめる）	→	어깨를 **움추려요** （肩をすくめます）
어깨가 **결리다** （肩が凝る）	→	어깨가 **결려요** （肩が凝ります）

059 学校 ハッキョ 학교

선생님이 학생을 가르치는 곳.
〈先生が学生に教えるところ。〉

小学校は「초등학교(初等学校)」、中学校は「중학교(中学校)」、高校は「고등학교(高等学校)」、大学は「대학(大学)」、または「대학교(大学校)」と言います。

학교에 **다니다** (学校に通う)	→	학교에 **다녀요** (学校に通います)
학교에 **들어가다** (学校に入る)	→	학교에 **들어가요** (学校に入ります)
학교를 **마치다** (学校を終える)	→	학교를 **마쳐요** (学校を終えます)
학교에 **가다** (学校に行く)	→	학교에 **가요** (学校に行きます)
학교를 **쉬다** (学校を休む)	→	학교를 **쉬어요** (学校を休みます)

カバン 가방 060

물건을 넣어 들고 다니는 도구.
〈物を入れて持ち運ぶ道具。〉

カバンの語源については、中国語の「夾板」を日本語読みした「キャバン」が転じたとする説や、オランダ語の「kabas（カバス）」が転じたとするなど諸説ありますが、「가방」は日本語のカバンから入ったものと見られます。

가방에 **넣다** （カバンに入れる）	→	가방에 **넣어요** （カバンに入れます）
가방에서 **꺼내다** （カバンから取り出す）	→	가방에서 **꺼내요** （カバンから取り出します）
가방을 **들다** （カバンを持つ）	→	가방을 **들어요** （カバンを持ちます）
가방이 **크다** （カバンが大きい）	→	가방이 **커요** （カバンが大きいです）
가방이 **무겁다** （カバンが重い）	→	가방이 **무거워요** （カバンが重いです）

061 紙 <ruby>종이<rt>チョン イ</rt></ruby>

식물성 섬유를 원료로 하여 만든 얇은 물건.
〈植物性の繊維を原料に作った薄いもの。〉

和紙と同じように、韓国でも固有の手すき紙の「한지（韓紙）」があります。「한지（韓紙）」は厚みのある素朴な質感で、耐久性と通気性がよいため主に障子などを貼るときに使われましたが、近年は「한지 공예（韓紙工芸）」といって化粧箱や筆入れなどの生活道具を作るのが流行っています。

종이를 **자르다** （紙を切る）	→	종이를 **잘라요** （紙を切ります）
종이에 **쓰다** （紙に書く）	→	종이에 **써요** （紙に書きます）
종이를 **접다** （紙を折る）	→	종이를 **접어요** （紙を折ります）
종이를 **찢다** （紙を破く）	→	종이를 **찢어요** （紙を破きます）
종이를 **만들다** （紙を作る）	→	종이를 **만들어요** （紙を作ります）

体 몸 062

사람이나 동물 등의 머리에서 발끝까지의 모든 부분.
〈人や動物などの頭から足先までの全ての部分。〉

昔は「身体髮膚 受之父母 不敢毀傷 孝之始也（신체발부 수지부모 불감훼상 효지시야）」といって、体などを傷つけないのが親孝行の始まりと思われていました。

몸이 **건강하다** (体が健康だ) →	몸이 **건강해요** (体が健康です)
몸이 **아프다** (体が痛い) →	몸이 **아파요** (体が痛いです)
몸이 **튼튼하다** (体が丈夫だ) →	몸이 **튼튼해요** (体が丈夫です)
몸이 **약하다** (体が弱い) →	몸이 **약해요** (体が弱いです)
몸이 **피곤하다** (体が疲れる) →	몸이 **피곤해요** (体が疲れます)

063 川 강

빗물 등이 모여 땅을 가로질러 흐르는 물줄기.
〈雨水などが集まって地面を横切って流れていく水の流れ。〉

日本では「川」「河」「江」と使い分けることもありますが、韓国ではいずれも「강（江）」と言います。「セーヌ川」は「세느강」、「揚子江」は「양자강」です。

강이 **깊다** (川が深い)	→	강이 **깊어요** (川が深いです)
강이 **얕다** (川が浅い)	→	강이 **얕아요** (川が浅いです)
강을 **건너다** (川を渡る)	→	강을 **건너요** (川を渡ります)
강이 **넓다** (川が広い)	→	강이 **넓어요** (川が広いです)
강이 **흐르다** (川が流れる)	→	강이 **흘러요** (川が流れます)

考え センガク 생각 064

사람이 머리를 써서 사물을 헤아리고 판단하는 것.
〈人が頭を使って物事を推測したり、判断したりすること。〉

韓国語の「생각하다」は日本語の「思う」と「考える」のいずれをも表す言葉です。

생각을 하다 (考える)	→	생각을 해요 (考えます)
생각을 정리하다 (考えを整理する)	→	생각을 정리해요 (考えを整理します)
생각이 들다 (気がする)	→	생각이 들어요 (気がします)
생각이 나다 (思い出す)	→	생각이 나요 (思い出します)
생각이 복잡하다 (考えが複雑だ)	→	생각이 복잡해요 (考えが複雑です)

065 木 나무

줄기, 가지, 잎 등으로 이루어진 여러해살이 식물.
〈幹・枝・葉などから出来ている多年生植物。〉

松の木は「소나무」、竹は「대나무」、柿の木は「감나무」、
ケヤキは「느티나무」です。

나무가 **자라다** (木が成長する)	→	나무가 **자라요** (木が成長します)
나무가 **푸르다** (木が青い)	→	나무가 **푸르러요** (木が青いです)
나무를 **심다** (木を植える)	→	나무를 **심어요** (木を植えます)
나무를 **베다** (木を切る)	→	나무를 **베요** (木を切ります)
나무에 **물을 주다** (木に水をやる)	→	나무에 **물을 줘요** (木に水をやります)

切手 우표 066

편지나 소포 등의 우편물에 값을 낸 표시로 붙이는 작은 종이.
〈手紙や小包などの郵便物に、料金を払った証として貼る小さい紙。〉

> 切手は「郵票」、つまり「郵便に使う票」という意味です。「郵便局」は「우체국（郵遞局）」、「郵便ポスト」は「우체통（郵遞筒）」、「書留」は「등기（登記）」と言います。

우표를 **붙이다** → 우표를 **붙여요**
（切手を貼る）　　（切手を貼ります）
우표를 **모으다** → 우표를 **모아요**
（切手を集める）　（切手を集めます）
우표를 **찍다** → 우표를 **찍어요**
（切手を刷る）　　（切手を刷ります）
우표를 **사다** → 우표를 **사요**
（切手を買う）　　（切手を買います）
우표가 **예쁘다** → 우표가 **예뻐요**
（切手が可愛い）　（切手が可愛いです）

067 気分 기분

마음 속에 생기는 기쁨, 슬픔 등의 감정 상태.
〈心の中にできる喜び・悲しみなどの感情の状態。〉

「気分が悪い」には「胃の調子が悪い」という意味もありますが、韓国語では「기분이 나쁘다」ではなく、「속이 안 좋다」という表現を使います。

기분이 **좋다** (気分が良い) →	기분이 **좋아요** (気分が良いです)
기분이 **나쁘다** (気分が悪い) →	기분이 **나빠요** (気分が悪いです)
기분이 **가라앉다** (気分が沈む) →	기분이 **가라앉아요** (気分が沈みます)
기분이 **우울하다** (気分が憂鬱だ) →	기분이 **우울해요** (気分が憂鬱です)
기분이 **상쾌하다** (気分が爽やかだ) →	기분이 **상쾌해요** (気分が爽やかです)

キムチ 김치 068

배추, 무 등의 채소를 소금에 절여 고춧가루, 마늘, 젓갈 등의 양념을 버무려 발효시킨 음식.
〈白菜、大根などの野菜を塩漬けし、唐辛子・ニンニク・塩辛などの調味料を和えて発酵させた食品。〉

韓国人の食卓に一食たりともキムチは欠かせません。学校の給食においても同じです。キムチは、主原料や副材料などによっていろいろな種類がありますが、200種類くらいがあると言われています。

김치가 **맵다** (キムチが辛い)	→	김치가 **매워요** (キムチが辛いです)
김치를 **담그다** (キムチを漬ける)	→	김치를 **담가요** (キムチを漬けます)
김치가 **익다** (キムチが漬かる)	→	김치가 **익어요** (キムチが漬かります)
김치가 **시다** (キムチが酸っぱい)	→	김치가 **시어요** (キムチが酸っぱいです)
김치가 **짜다** (キムチが塩辛い)	→	김치가 **짜요** (キムチが塩辛いです)

TRACK NO.068

069 今日 오늘(オ ヌル)

지금 지나가고 있는 이 날.
〈今過ぎているこの日。〉

今日は「오늘」、昨日は「어제」、明日は「내일」、一昨日は「그저께」、明後日は「모레」です。

오늘 **만나다** (今日会う)	→	오늘 **만나요** (今日会います)
오늘 회사에 **가다** (今日会社に行く)	→	오늘 회사에 **가요** (今日会社に行きます)
오늘 **마치다** (今日終える)	→	오늘 **마쳐요** (今日終えます)
오늘 **시작하다** (今日始める)	→	오늘 **시작해요** (今日始めます)
오늘은 **쉬다** (今日は休む)	→	오늘은 **쉬어요** (今日は休みます)

教室 교실 070

학교에서 학생들이 수업을 받는 방.
〈学校で学生が授業を受ける部屋。〉

昔、韓国の1クラスあたりの児童や学生の数はとても多かったですが、現在は「초등학교（小学校）」は30名前後、中学や高校は35名前後です。

교실에 **들어가다** (教室に入る)	→	교실에 **들어가요** (教室に入ります)
교실에서 **공부하다** (教室で勉強する)	→	교실에서 **공부해요** (教室で勉強します)
교실을 **청소하다** (教室を掃除する)	→	교실을 **청소해요** (教室を掃除します)
교실이 **깨끗하다** (教室が綺麗だ)	→	교실이 **깨끗해요** (教室が綺麗です)
교실이 **바뀌다** (教室が変わる)	→	교실이 **바뀌어요** (教室が変わります)

071 牛乳 우유

젖소의 젖.
〈乳牛の乳。〉

韓国でも普通の牛乳以外に「바나나 (맛) 우유 (バナナ (味) 牛乳)」、「딸기 (맛) 우유 (イチゴ (味) 牛乳)」、「커피 (맛) 우유 (コーヒー (味) 牛乳)」、「초콜릿 (맛) 우유 (チョコレート (味) 牛乳)」などがありますが、特にお風呂の後の「바나나 (맛) 우유」は定番です。

우유를 **마시다** (牛乳を飲む)	→	우유를 **마셔요** (牛乳を飲みます)
우유를 **쏟다** (牛乳をこぼす)	→	우유를 **쏟아요** (牛乳をこぼします)
우유를 **따르다** (牛乳を注ぐ)	→	우유를 **따라요** (牛乳を注ぎます)
우유를 **넣다** (牛乳を入れる)	→	우유를 **넣어요** (牛乳を入れます)
우유를 **덥히다** (牛乳を温める)	→	우유를 **덥혀요** (牛乳を温めます)

銀行 은행 072

사람들에게 돈을 빌려 주거나 맡아 주는 곳.
〈人々にお金を貸し出したり預かったりするところ。〉

> 銀行で使う暗証番号は「비밀번호（秘密番号）」、待ち番号札は「순번표（順番票）」「순번대기표（順番待機票）」、通帳は「통장」、利息は「이자（利子）」と言います。

은행에 **가다** （銀行に行く）	→	은행에 **가요** （銀行に行きます）
은행에 돈을 **맡기다** （銀行にお金を預ける）	→	은행에 돈을 **맡겨요** （銀行にお金を預けます）
은행에서 돈을 **찾다** （銀行でお金を下ろす）	→	은행에서 돈을 **찾아요** （銀行でお金を下ろします）
은행에 **들르다** （銀行に寄る）	→	은행에 **들러요** （銀行に寄ります）
은행에서 돈을 **빌리다** （銀行でお金を借りる）	→	은행에서 돈을 **빌려요** （銀行でお金を借ります）

073 空港 공항
_{コン・ハン}

비행기가 내리거나 뜨는 시설을 갖춘 곳.
〈飛行機が、降りたり飛び立ったりする施設を整えたところ。〉

韓国最大の空港は2001年にオープンした인천국제공항（仁川国際空港）です。「地域別（アジア太平洋）」と「規模別」の2部門で10年連続1位を獲得したアジア最大級のハブ空港です。

공항에 **도착하다** （空港に到着する）	→	공항에 **도착해요** （空港に到着します）
공항에서 **타다** （空港で乗る）	→	공항에서 **타요** （空港で乗ります）
공항에 **내리다** （空港に降りる）	→	공항에 **내려요** （空港に降ります）
공항에 **나가다** （空港に出る）	→	공항에 **나가요** （空港に出ます）
공항에 **마중을 가다** （空港に迎えに行く）	→	공항에 **마중을 가요** （空港に迎えに行きます）

薬 약 074

병이나 상처를 고치기 위해 먹거나 바르는 것.
〈病気やケガを治すために、飲んだり塗ったりするもの。〉

錠剤は「알약」、粉薬は「가루약」、シロップは「물약」と言います。また、「薬を飲む」ことは「마시다（飲む）」ではなく「먹다（食べる）」と言います。

약을 **먹다** (薬を飲む)	→	약을 **먹어요** (薬を飲みます)
약을 **사다** (薬を買う)	→	약을 **사요** (薬を買います)
약을 **짓다** (薬を調剤する)	→	약을 **지어요** (薬を調剤します)
약을 **바르다** (薬を塗る)	→	약을 **발라요** (薬を塗ります)
약이 **듣다** (薬が効く)	→	약이 **들어요** (薬が効きます)

075 果物 과일

사과나 딸기 등과 같은 열매로 식용으로 하는 것.
〈リンゴやイチゴなどのような実で、食用とするもの。〉

韓国では夏の果物と言えば「수박（スイカ）」と「참외（マクワウリ）」、秋の果物と言えば「사과（リンゴ）」と「배（梨）」です。

과일을 **먹다** （果物を食べる）	→	과일을 **먹어요** （果物を食べます）
과일이 **맛있다** （果物がおいしい）	→	과일이 **맛있어요** （果物がおいしいです）
과일을 **깎다** （果物を剥く）	→	과일을 **깎아요** （果物を剥きます）
과일이 **열리다** （果物が実る）	→	과일이 **열려요** （果物が実ります）
과일을 **따다** （果物を収穫する）	→	과일을 **따요** （果物を収穫します）

口 입 076

음식을 먹거나 말을 할 때 사용하는 몸의 부분.
〈食べ物を食べたり話したりするときに使う体の部分。〉

韓国語に「입맛（口の味）」という言葉がありますが、これは「食べ物を食べるとき口から感じる感覚」ということで、主に「食欲」の意味として使われています。

입을 맞추다 （口付けする／口裏を合わせる） →	**입을 맞추어요** （口付けします／口裏を合わせます）
입을 벌리다 （口を開ける） →	**입을 벌려요** （口を開けます）
입을 다물다 （口を閉じる） →	**입을 다물어요** （口を閉じます）
입에 대다 （口につける） →	**입에 대요** （口につけます）
입에 담다 （口にする） →	**입에 담아요** （口にします）

077　靴 구두、신발

가죽이나 비닐 등으로 만든 신.
〈革や布などでできた履物。〉

韓国語の「구두」は日本語の「クツ」が訛ってできた言葉です。しかし、意味は「靴」とは違って、主に「革靴（ビニール靴などを含む）」を指します。一般的に靴は「신발」と言います。

구두를 **신다** (靴を履く)	→	구두를 **신어요** (靴を履きます)
신발을 **벗다** (靴を脱ぐ)	→	신발을 **벗어요** (靴を脱ぎます)
구두를 **맞추다** (靴をあつらえる)	→	구두를 **맞추어요** (靴をあつらえます)
구두를 **닦다** (靴を磨く)	→	구두를 **닦아요** (靴を磨きます)
신발을 **잃어버리다** (靴を失くす)	→	신발을 **잃어버렸어요** (靴を失くしました)

靴下 양말　078

실로 짜서 맨발에 신는 것.
〈糸で編んで素足に履く物。〉

> 「양말（洋襪）」の「양（洋）」は西洋から入ってきたものにつけられる言葉で、「말（襪）」は中国語の靴下や足袋のことです。

양말을 **신다** （靴下を履く）	→	양말을 **신어요** （靴下を履きます）
양말을 **벗다** （靴下を脱ぐ）	→	양말을 **벗어요** （靴下を脱ぎます）
양말을 **신기다** （靴下を履かせる）	→	양말을 **신겨요** （靴下を履かせます）
양말을 **벗기다** （靴下を脱がす）	→	양말을 **벗겨요** （靴下を脱がします）
양말을 **빨다** （靴下を洗う）	→	양말을 **빨아요** （靴下を洗います）

079 首、喉 목

사람이나 동물 등의 머리와 몸통을 잇는 부분.
〈人や動物などの頭と胴をつなぐ部分。〉

「목」は「首」ですが、韓国語も日本語と同じく、「手首」は「손목」、「足首」は「발목」と言います。

목이 **길다** (首が長い)	→	목이 **길어요** (首が長いです)
목에 **걸다** (首にかける)	→	목에 **걸어요** (首にかけます)
목이 **마르다** (喉が渇く)	→	목이 **말라요** (喉が渇きます)
목이 **붓다** (喉が腫れる)	→	목이 **부어요** (喉が腫れます)
목이 **아프다** (喉が痛い)	→	목이 **아파요** (喉が痛いです)

雲 구름 080

공기 속의 수분이 덩어리가 되어 하늘에 떠 있는 것.
〈空気の中の水分が塊になって空に浮かんでいるもの。〉

> うろこ雲は「새털구름（羽毛の雲）」、ひつじ雲は「양떼구름（ひつじの群れの雲）」、綿雲は「뭉게구름（ふわふわの雲）」と言います。

구름이 **끼다** （雲がかかる）	→	구름이 **끼어요** （雲がかかります）
구름이 **떠 있다** （雲が浮かんでいる）	→	구름이 **떠 있어요** （雲が浮かんでいます）
구름이 **몰려오다** （雲が押し寄せる）	→	구름이 **몰려와요** （雲が押し寄せます）
구름이 **걷히다** （雲が晴れる）	→	구름이 **걷혀요** （雲が晴れます）
구름이 **하얗다** （雲が白い）	→	구름이 **하얘요** （雲が白いです）

081 車（自動車） 자동차

승용차나 버스 등, 바퀴를 돌려 길을 달리는 탈것.
〈乗用車やバスなど、車輪を回して道を走る乗り物。〉

バスは「버스」、タクシーは「택시」、トラックは「트럭」と言います。

자동차를 **타다** （自動車に乗る）	→	자동차를 **타요** （自動車に乗ります）
자동차를 **운전하다** （自動車を運転する）	→	자동차를 **운전해요** （自動車を運転します）
자동차를 **내리다** （自動車を降りる）	→	자동차를 **내려요** （自動車を降ります）
자동차가 **달리다** （自動車が走る）	→	자동차가 **달려요** （自動車が走ります）
자동차가 **서다** （自動車が止まる）	→	자동차가 **서요** （自動車が止まります）

軍人 군인 082

군대에 가 있는 사람.
〈軍隊に入っている人。〉

韓国の兵役は義務（男性だけ）で、陸軍の場合、1年6ヶ月の服務になります。大学生は1、2年生が終わってから軍隊に行く場合が多いです。

군인이 **되다** （軍人になる）	→	군인이 **돼요** （軍人になります）
군인이 **용감하다** （軍人が勇敢だ）	→	군인이 **용감해요** （軍人が勇敢です）
군인들이 **훈련하다** （軍人たちが訓練する）	→	군인들이 **훈련해요** （軍人たちが訓練します）
군인들이 **고생하다** （軍人たちが苦労する）	→	군인들이 **고생해요** （軍人たちが苦労します）
군인들이 **도와주다** （軍人たちが手伝ってくれる）	→	군인들이 **도와주어요** （軍人たちが手伝ってくれます）

083 軍隊 군대

군인들의 집단.
〈軍人の集団。〉

韓国には「육군（陸軍）」、「해군（海軍）」、「공군（空軍）」の三つの軍隊があります。

군대에 **가다** （軍隊に行く）	→	군대에 **가요** （軍隊に行きます）
군대에 **갔다오다** （軍隊に行ってくる）	→	군대에 **갔다와요** （軍隊に行ってきます）
군대에 **입대하다** （軍隊に入隊する）	→	군대에 **입대해요** （軍隊に入隊します）
군대를 **제대하다** （軍隊を除隊する）	→	군대를 **제대해요** （軍隊を除隊します）
군대에서 **고생하다** （軍隊で苦労する）	→	군대에서 **고생해요** （軍隊で苦労します）

警察 경찰 084

사회의 질서를 유지하고 국민의 안전과 재산을 보호하는 사람이나 기관.
〈社会の秩序を維持し、国民の安全と財産を守る人や役所。〉

ひと昔前までは韓国の警察のイメージは良くなく、道がわからない場合も「파출소（派出所）」で尋ねるのは珍しいことでした。近年は警察の努力でイメージ改善が進んでいます。

경찰에 **신고하다** (警察に通報する)	→	경찰에 **신고해요** (警察に通報します)
경찰에게 **잡히다** (警察に捕まる)	→	경찰에게 **잡혔어요** (警察に捕まりました)
경찰이 도둑을 **잡다** (警察が泥棒を捕まえる)	→	경찰이 도둑을 **잡았어요** (警察が泥棒を捕まえました)
경찰에 **전화하다** (警察に電話する)	→	경찰에 **전화해요** (警察に電話します)
경찰이 **달려오다** (警察が駆けつける)	→	경찰이 **달려왔어요** (警察が駆けつけました)

085 景色 경치

가을의 경치와 함께하는 전망 좋은 카페

산이나 강 등의 자연의 아름다운 풍경.
〈山や川などの自然の美しい風景。〉

朝鮮半島で경치が一番いいとされている금강산金剛山。「금강산도 식후경（金剛山も食後景）」ということわざがありますが、「花より団子」にあたるもので、いくら경치のいい금강산も腹が空いては楽しくないという意味です。

경치가 **좋다** （景色が良い）	→	경치가 **좋아요** （景色が良いです）
경치를 **구경하다** （景色を見物する）	→	경치를 **구경해요** （景色を見物します）
경치가 **아름답다** （景色が美しい）	→	경치가 **아름다워요** （景色が美しいです）
경치가 **뛰어나다** （景色が素晴らしい）	→	경치가 **뛰어나요** （景色が素晴らしいです）
경치를 **즐기다** （景色を楽しむ）	→	경치를 **즐겨요** （景色を楽しみます）

結婚 결혼 086

남자와 여자가 정식으로 부부가 되는 것.
〈男の人と女の人が正式に夫婦になること。〉

韓国でも晩婚化が進み、初婚の平均年齢が男性が33歳、女性が30歳です。

결혼을 하다 (結婚をする)	→	결혼을 해요 (結婚をします)
결혼식을 올리다 (結婚式を挙げる)	→	결혼식을 올려요 (結婚式を挙げます)
결혼이 늦어지다 (結婚が遅れている)	→	결혼이 늦어졌어요 (結婚が遅れています)
결혼을 약속하다 (結婚を約束する)	→	결혼을 약속했어요 (結婚を約束しました)
결혼을 서두르다 (結婚を急ぐ)	→	결혼을 서둘러요 (結婚を急ぎます)

087 健康 건강

몸에 이상이 없고 튼튼한 상태.
〈体に異常がなく、丈夫な状態。〉

韓国人は人一倍健康に気を使い、朝早くから山登りをしたり、食べ物に気を使ったりしています。

건강이 **좋다** （健康（健康状態）が良い）	→	건강이 **좋아요** （健康（健康状態）が良いです）
건강을 **지키다** （健康を守る）	→	건강을 **지켜요** （健康を守ります）
건강을 **돌보다** （健康を大事にする）	→	건강을 **돌봐요** （健康を大事にします）
건강을 **되찾다** （健康を取り戻す）	→	건강을 **되찾았어요** （健康を取り戻しました）
건강을 **해치다** （健康を害する）	→	건강을 **해쳐요** （健康を害します）

見物 구경 088

행사나 명승지 등을 보고 즐기는 것.
〈催し物や名所などを見て楽しむこと。〉

「구경」には「꽃 구경（花見）」や「시장 구경（市場見学）」などの他に「싸움 구경（喧嘩の見物）」、「불 구경（火事の見物）」、「물 구경（洪水の見物）」などの高見の見物も表します。

구경을 **하다** (見物をする)	→	구경을 **해요** (見物をします)
구경을 **가다** (見物に行く)	→	구경을 **가요** (見物に行きます)
구경을 **오다** (見物に来る)	→	구경을 **와요** (見物に来ます)
구경을 **좋아하다** (見物を好む)	→	구경을 **좋아해요** (見物を好みます)
구경을 **다니다** (見物して回る)	→	구경을 **다녀요** (見物して回ります)

089 公園 공원
コン ウォン

사람들이 쉬거나 놀 수 있도록 만든 잔디밭이나 나무, 꽃 등으로 가꾸어 놓은 공공 장소.
〈人々が休んだり遊んだりするためにつくられた、芝生や木・花などで手入れしてある公共の場所。〉

「公園」といえば日本の場合、国立公園から近所の子どもの遊具がおいてある公園までありますが、韓国では近所にある子どもの遊び場としての公園は「(어린이) 놀이터 (子どもの遊び場)」と言います。また、アミューズメントパークは「놀이공원 (-公園)」と言います。

공원을 **산책하다** →	공원을 **산책해요**
(公園を散策する)	(公園を散策します)
공원이 **아름답다** →	공원이 **아름다워요**
(公園が美しい)	(公園が美しいです)
공원이 **넓다** →	공원이 **넓어요**
(公園が広い)	(公園が広いです)
공원에서 **놀다** →	공원에서 **놀아요**
(公園で遊ぶ)	(公園で遊びます)
공원을 **청소하다** →	공원을 **청소해요**
(公園を掃除する)	(公園を掃除します)

交通 교통　090

사람이나 차, 배, 비행기 따위가 일정한 길을 오고 가는 일.
〈人や車・船・飛行機などが一定のルートを行ったり来たりすること。〉

韓国は日本と違って車は右側通行、人は左側通行でしたが、2010年から人も右側通行に変えつつあります。その理由は右手にカバンなどを持つことが多いことから右側通行をした場合、歩行速度も速くなり、歩行者同士ぶつかることも減るということからです。

교통이 **좋다** （交通の便が良い）	→	교통이 **좋아요** （交通の便が良いです）
교통이 **편리하다** （交通が便利だ）	→	교통이 **편리해요** （交通が便利です）
교통이 **복잡하다** （交通が複雑だ）	→	교통이 **복잡해요** （交通が複雑です）
교통이 **불편하다** （交通が不便だ）	→	교통이 **불편해요** （交通が不便です）
교통이 **끊기다** （交通が寸断される）	→	교통이 **끊겼어요** （交通が寸断されました）

091 コーヒー 커피

독특한 향기와 쓴맛이 나는 커피나무 열매를 볶아 가루로 만든 음료.
〈独特の香りと苦みのあるコーヒーの木の種を煎って粉にした飲み物。〉

ひと昔前、韓国で『커피 카피 코피』という題名の映画があり ました。「커피」は「コーヒー」、「카피」は「コピー」、「코피」 は「鼻血」のことです。

커피를 **마시다** (コーヒーを飲む)	→	커피를 **마셔요** (コーヒーを飲みます)
커피를 **끓이다** (コーヒーを入れる)	→	커피를 **끓여요** (コーヒーを入れます)
커피를 **내다** (コーヒーを出す)	→	커피를 **내요** (コーヒーを出します)
커피가 **식다** (コーヒーが冷める)	→	커피가 **식어요** (コーヒーが冷めます)
커피를 **내리다** (コーヒーをドリップする)	→	커피를 **내려요** (コーヒーをドリップします)

心 마음　092

생각하거나 느끼는 정신 활동을 하는 품성이나 태도.
〈考えたり、感じたりする精神活動をする品性や態度。〉

「心」は「마음」ですが、略して「맘」とも言います。

마음이 **곱다** (心が優しい)	→	마음이 **고와요** (心が優しいです)
마음이 **넓다** (心が広い)	→	마음이 **넓어요** (心が広いです)
마음이 **따뜻하다** (心が暖かい)	→	마음이 **따뜻해요** (心が暖かいです)
마음이 **복잡하다** (心が複雑だ)	→	마음이 **복잡해요** (心が複雑です)
마음이 **아프다** (心が痛い)	→	마음이 **아파요** (心が痛いです)

093 腰 허리

사람이나 동물의 갈빗대 아래에서부터 엉덩이까지의 부분.
〈人や動物の肋骨の下からお尻までの部分。〉

「허리」は比喩的な表現として使われることも多く、「허리가 잘리다（腰が切られる）」は朝鮮半島が南北に引き裂かれていることを、「허리가 휘다（腰が曲がる）」、「허리가 휘청거리다（腰がふらつく）」は子どもの学費や結婚費用の工面に大変な思いをするということです。

허리를 **굽히다** (腰を曲げる)	→	허리를 **굽혀요** (腰を曲げます)
허리를 **구부리다** (腰を曲げる)	→	허리를 **구부려요** (腰を曲げます)
허리를 **펴다** (腰を伸ばす)	→	허리를 **펴요** (腰を伸ばします)
허리에 **차다** (腰に差す)	→	허리에 **차요** (腰に差します)
허리를 **다치다** (腰を痛める)	→	허리를 **다쳤어요** (腰を痛めました)

今年 올해 094

지금 지나고 있는 이 해.
〈今過ぎている、この年。〉

「今年」を表す言葉は純粋な固有語の「올해」と漢字語の「금년（今年）」があります。

올해 **시집가다** （今年嫁ぐ）	→	올해 **시집가요** （今年嫁ぎます）
올해 시험이 **있다** （今年試験がある）	→	올해 시험이 **있어요** （今年試験があります）
올해 **입학하다** （今年入学する）	→	올해 **입학했어요** （今年入学しました）
올해 **졸업하다** （今年卒業する）	→	올해 **졸업했어요** （今年卒業しました）
올해 **헤어지다** （今年別れる）	→	올해 **헤어졌어요** （今年別れました）

095 言葉 말

생각이나 마음 등을 전하기 위해 사용하는 목소리나 문자로 표현한 것.
〈考えや気持ちなどを伝えるために使う、声や文字で表したもの。〉

韓国語の「말」には、「言葉」の他に「馬」の意味もあります。ただし、「言葉」の「말」は母音の「ㅏ」を伸ばして「マール」と発音します。

말을 하다 (話す)	→	**말을 해요** (話します)
말이 **빠르다** (言葉が速い)	→	말이 **빨라요** (言葉が速いです)
말이 **느리다** (言葉が遅い)	→	말이 **느려요** (言葉が遅いです)
말이 **곱다** (言葉遣いが綺麗だ)	→	말이 **고와요** (言葉遣いが綺麗です)
말이 **많다** (言葉(口数)が多い)	→	말이 **많아요** (言葉(口数)が多いです)

子ども 아이、어린이 096

자기의 아들이나 딸. 또는 나이가 어린 사람.
〈自分の息子や娘。または年齢の低い人。〉

子どもは「아이」、または「어린이」と言います。ただし、自分の息子や娘を「아이」と言いますが、「어린이」とは言いません。

아이가 **태어나다** (子どもが生まれる)	→	아이가 **태어나요** (子どもが生まれます)
아이를 **키우다** (子どもを育てる)	→	아이를 **키워요** (子どもを育てます)
아이를 **돌보다** (子どもの面倒を見る)	→	아이를 **돌봐요** (子どもの面倒を見ます)
아이와 **놀다** (子どもと遊ぶ)	→	아이와 **놀아요** (子どもと遊びます)
아이를 **낳다** (子どもを産む)	→	아이를 **낳아요** (子どもを産みます)

097 ご飯 밥

쌀과 그 외 여러 곡식에 물을 넣고 끓여 만든 음식.
〈米とその他のさまざまな穀物に水を入れ炊いて作った食べ物。〉

韓国の主食も「밥」で、「おこげ」は「누룽지」、「おこげ湯」は「숭늉」と言います。

밥을 **먹다** (ご飯を食べる)	→	밥을 **먹어요** (ご飯を食べます)
밥을 **하다** (ご飯を炊く)	→	밥을 **해요** (ご飯を炊きます)
밥을 **짓다** (ご飯を炊く)	→	밥을 **지어요** (ご飯を炊きます)
밥을 **푸다** (ご飯をよそう)	→	밥을 **퍼요** (ご飯をよそいます)
밥이 **질다** (ご飯が水っぽい)	→	밥이 **질어요** (ご飯が水っぽいです)

ゴミ 쓰레기　098

먼지나 티끌, 또는 못 쓰게 되어 버릴 것.
〈ホコリやチリ、または使えなくなって捨てるもの。〉

生ゴミは「음식 쓰레기 (飲食 -)」、リサイクルゴミは「재활용 쓰레기 (再活用 -)」、清掃作業員は「환경미화원 (環境美化員)」と言います。

쓰레기를 **버리다** （ゴミを出す）	→	쓰레기를 **버려요** （ゴミを出します）
쓰레기를 **치우다** （ゴミを片づける）	→	쓰레기를 **치워요** （ゴミを片づけます）
쓰레기가 **쌓이다** （ゴミがたまる）	→	쓰레기가 **쌓여요** （ゴミがたまります）
쓰레기가 **나오다** （ゴミが出る）	→	쓰레기가 **나와요** （ゴミが出ます）
쓰레기가 **되다** （ゴミになる）	→	쓰레기가 **돼요** （ゴミになります）

099 これ、(それ、あれ、どれ)
이것、(그것、저것、어느 것)

자기에게 가까운 사람・사물・장소・방향 등을 직접 가리키는 말.
〈自分の近くの人・事物・場所・方向などを直接に指示する語。〉

> 「あれ」は遠くのものを指す他に、両者がすでに知っていることなどを指したりするときに使いますが、韓国語の場合、両者がすでに知っていることなどを指すときは「그것（それ）」を使います。

이것이 **좋다** (これが 良い)	→	이것이 **좋아요** (これが 良いです)
저것을 **사다** (あれを 買う)	→	저것을 **사요** (あれを 買います)
그것은 **싫다** (それは 嫌だ)	→	그것은 **싫어요** (それは 嫌です)
어느 것이 **빠르다** (どれが 速い)	→	어느 것이 **빨라요?** (どれが 速いですか)
저것이 **필요하다** (あれが 必要だ)	→	저것이 **필요해요** (あれが 必要です)

財布 지갑 100

돈이나 카드 등을 넣어 다니는, 가죽이나 헝겊으로 만든 것.
〈お金やカードなどを入れて持ち歩く、革や布で作った入れ物。〉

「지갑(紙匣)」は韓国独自の漢字語ですが、「長財布」は「장지갑(長紙匣)」、「二つ折り」は「반지갑(半紙匣)」、「小銭入れ」は「동전지갑(銅錢紙匣)」と言います。

지갑을 **열다** (財布を開く)	→	지갑을 **열어요** (財布を開きます)
지갑을 **선물하다** (財布をプレゼントする)	→	지갑을 **선물해요** (財布をプレゼントします)
지갑을 **잃어버리다** (財布を失くす)	→	지갑을 **잃어버렸어요** (財布を失くしました)
지갑을 **찾다** (財布を探す)	→	지갑을 **찾아요** (財布を探します)
지갑에 돈을 **넣다** (財布にお金を入れる)	→	지갑에 돈을 **넣어요** (財布にお金を入れます)

101 魚 생선

먹기 위해 잡은, 절이거나 말리지 않은 신선한 물고기.
〈食べるために釣り上げた、塩漬けしたり干したりしていない新鮮な魚。〉

日本語の「生鮮」は「肉・魚・野菜などの食料品が、新しくて活きの良いこと。また、そのさま」という意味ですが、「생선（生鮮）」はもっぱら「新鮮な魚」のことです。

생선을 **굽다** （魚を焼く）	→	생선을 **구워요** （魚を焼きます）
생선을 **손질하다** （魚をさばく）	→	생선을 **손질해요** （魚をさばきます）
생선을 **조리하다** （魚を調理する）	→	생선을 **조리해요** （魚を調理します）
생선이 **싱싱하다** （魚が新鮮だ）	→	생선이 **싱싱해요** （魚が新鮮です）
생선을 **좋아하다** （魚が好きだ）	→	생선을 **좋아해요** （魚が好きです）

酒 술 102

TRACK NO.102

알코올 성분이 들어 있는 음료.
〈アルコールを含んだ飲み物。〉

韓国にもいろんな種類のお酒がありますが、庶民に人気のあるお酒は「소주（焼酎）」です。また、「맥주（麦酒）」、「막걸리（マッコリ）」、「양주（洋酒）」も人気が高いです。

술을 **마시다** （酒を飲む）	→	술을 **마셔요** （酒を飲みます）
술에 **취하다** （酒に酔う）	→	술에 **취해요** （酒に酔います）
술이 **깨다** （酔いが覚める）	→	술이 **깨요** （酔いが覚めます）
술을 **끊다** （酒を断つ）	→	술을 **끊어요** （酒を断ちます）
술을 **담그다** （酒を作る）	→	술을 **담가요** （酒を作ります）

103 サッカー 축구

주로 발로 차서 공을 상대편 골에 넣어 득점하는 경기.
〈おもにボールを足で蹴って相手側のゴールに入れて点を取る競技。〉

韓国にも日本と同じく「축구（サッカー）」と「야구（野球）」は人気スポーツですが、野球は1982年から、サッカーは1987年からプロがスタートしました。

축구를 하다 (サッカーをする)	→	축구를 해요 (サッカーをします)
축구를 좋아하다 (サッカーが好きだ)	→	축구를 좋아해요 (サッカーが好きです)
축구를 즐기다 (サッカーを楽しむ)	→	축구를 즐겨요 (サッカーを楽しみます)
축구를 보다 (サッカーを見る)	→	축구를 봐요 (サッカーを見ます)
축구를 응원하다 (サッカーを応援する)	→	축구를 응원해요 (サッカーを応援します)

雑誌 잡지　104

여러가지 기사와 사진 등을 실어 정기적으로 내는 책.
〈いろいろな記事や写真などを載せて、定期的に発行する本。〉

週刊誌は「주간지」、月刊誌は「월간지」、季刊誌は「계간지」と言います。

잡지를 **사다** (雑誌を買う)	→	잡지를 **사요** (雑誌を買います)
잡지를 **보다** (雑誌を読む)	→	잡지를 **봐요** (雑誌を読みます)
잡지를 **받아 보다** (雑誌を(定期)購読する)	→	잡지를 **받아 봐요** (雑誌を(定期)購読します)
잡지를 **찾다** (雑誌を探す)	→	잡지를 **찾아요** (雑誌を探します)
잡지를 **내다** (雑誌を出す)	→	잡지를 **내요** (雑誌を出します)

105 砂糖 설탕

사탕수수, 사탕무 등에서 채취한 단맛이 나는 조미료.
〈サトウキビやサトウダイコンなどから取れた、甘味がする調味料。〉

「砂糖」は韓国語では「설탕 (雪糖)」と言いますが、飴のことは「사탕 (砂糖)」と言います。

설탕을 **넣다** (砂糖を入れる)	→	설탕을 **넣어요** (砂糖を入れます)
설탕을 **타다** (砂糖を入れる)	→	설탕을 **타요** (砂糖を入れます)
설탕이 **들어가다** (砂糖が入る)	→	설탕이 **들어가요** (砂糖が入ります)
설탕이 **달다** (砂糖が甘い)	→	설탕이 **달아요** (砂糖が甘いです)
설탕이 **희다** (砂糖が白い)	→	설탕이 **희어요** (砂糖が白いです)

字 글자 <small>クルッチャ</small> 106

말을 적는 일정한 체계의 부호.
〈言葉を書く一定の体系の符号。〉

韓国語を書くための文字の「한글（ハングル）」は「大いなる文字」という意味です。

글자를 **쓰다** （字を書く）	→	글자를 **써요** （字を書きます）
글자가 **예쁘다** （字が綺麗だ）	→	글자가 **예뻐요** （字が綺麗です）
글자를 **읽다** （字を読む）	→	글자를 **읽어요** （字を読みます）
글자를 **배우다** （字を習う）	→	글자를 **배워요** （字を習います）
글자가 **어렵다** （字が難しい）	→	글자가 **어려워요** （字が難しいです）

107 塩 소금

짠맛이 나는 하얀 가루.
〈塩辛い味がする白い粒。〉

「소금」はよく比喩的な表現で「社会で必要とされる人」という意味でよく使われています。他に「빛（光）」も同様の使い方をされます。

소금을 **넣다** （塩を入れる）	→	소금을 **넣어요** （塩を入れます）
소금을 **뿌리다** （塩をふりかける）	→	소금을 **뿌려요** （塩をふりかけます）
소금을 **치다** （塩をふりかける）	→	소금을 **쳤어요** （塩をふりかけました）
소금은 **짜다** （塩はしょっぱい）	→	소금은 **짜요** （塩はしょっぱいです）
소금에 **절이다** （塩に漬ける）	→	소금에 **절여요** （塩に漬けます）

時間 시간 108

어떤 시각에서 다른 시각까지의 동안.
〈ある時刻と時刻の間。〉

韓国では「時間割」や「時刻表」を「시간표（時間表）」と言います。

시간이 **없다** (時間が ない)	→	시간이 **없어요** (時間が ありません)
시간을 **재다** (時間を 計る)	→	시간을 **재요** (時間を 計ります)
시간을 **내다** (時間を 捻出する)	→	시간을 **내요** (時間を 捻出します)
시간이 **흐르다** (時間が 流れる)	→	시간이 **흘러요** (時間が 流れます)
시간을 **맞추다** (時間を 合わせる)	→	시간을 **맞추어요** (時間を 合わせます)

109 試験 시험

지식이나 능력을 평가하기 위해 문제를 내어 답하게 하는 것.
〈知識や能力を評価するために問題を出して答えさせるもの。〉

韓国では大学受験の資格を得るためには、「수능시험(修能試験:大学修学能力試験)」を受けなければなりません。そこには英語のリスニング試験もあり、試験のときは、全土で飛行機の離着陸が禁止されています。

시험을 **치다** (試験を受ける)	→	시험을 **쳐요** (試験を受けます)
시험을 **보다** (試験を受ける)	→	시험을 **봐요** (試験を受けます)
시험에 **떨어지다** (試験に落ちる)	→	시험에 **떨어졌어요** (試験に落ちました)
시험에 **나오다** (試験に出る)	→	시험에 **나왔어요** (試験に出ました)
시험이 **어렵다** (試験が難しい)	→	시험이 **어려워요** (試験が難しいです)

仕事・こと 일 110

1 직업.
〈職業。〉

2 세상에 일어나는 자연 또는 인사의 현상.
〈世の中に起こる、自然または人事の現象。〉

> 会社員は「회사원」、公務員は「공무원」、弁護士は「변호사」、医者は「의사（医師）」、軍人は「군인」、歌手は「가수」、俳優は「배우」と言います。

일을 하다 （仕事をする）	→	일을 해요 （仕事をします）
일이 바쁘다 （仕事が忙しい）	→	일이 바빠요 （仕事が忙しいです）
일을 마치다 （仕事を終える）	→	일을 마쳐요 （仕事を終えます）
일을 돕다 （仕事を手伝う）	→	일을 도와요 （仕事を手伝います）
일을 시키다 （仕事をさせる）	→	일을 시켜요 （仕事をさせます）

111 辞典、辞書 사전

낱말을 모아 설명한 책.
〈単語を集めて説明した本。〉

日本語は「辞書」という言葉もよく使われていますが、韓国語では「사전 (辞典)」だけを使います。

사전을 **찾다** (辞書を引く)	→	사전을 **찾아요** (辞書を引きます)
사전에 **실리다** (辞典に載る)	→	사전에 **실려요** (辞典に載ります)
사전을 **펴다** (辞典を広げる)	→	사전을 **펴요** (辞典を広げます)
사전에 **나오다** (辞典に出る)	→	사전에 **나와요** (辞典に出ます)
사전에 **없다** (辞典にない)	→	사전에 **없어요** (辞典にないです)

自転車 자전거　112

발로 페달을 밟아서 두 바퀴를 돌려 달리는 탈것.
〈足でペダルを踏み、2つの車輪を回して走る乗り物。〉

「自転車」は「자전거」、「自動車」は「자동차」と言います。同じ「車」でも、「자전거（自転車）」や「인력거（人力車）」などのように人の力で動かすのは「거」と読みます。

자전거를 **타다** （自転車に乗る）	→	자전거를 **타요** （自転車に乗ります）
자전거를 **세우다** （自転車をとめる）	→	자전거를 **세워요** （自転車をとめます）
자전거에서 **내리다** （自転車から降りる）	→	자전거에서 **내려요** （自転車から降ります）
자전거에 **싣다** （自転車に積む）	→	자전거에 **실어요** （自転車に積みます）
자전거에 **태우다** （自転車に乗せる）	→	자전거에 **태워요** （自転車に乗せます）

113 写真 사진

카메라로 찍어 인화지에 나타낸 그림.
〈カメラで撮って、印画紙に写した絵。〉

写真を撮るとき、日本では「치즈(チーズ)」というかけ声を使いますが、韓国では「김치(キムチ)」というかけ声がよく使われます。

사진을 **찍다** (写真を撮る)	→	사진을 **찍어요** (写真を撮ります)
사진이 잘 **나오다** (写真が綺麗に写る)	→	사진이 잘 **나와요** (写真が綺麗に写ります)
사진을 **뽑다** (写真を現像する)	→	사진을 **뽑아요** (写真を現像します)
사진이 **어둡다** (写真が暗い)	→	사진이 **어두워요** (写真が暗いです)
사진을 **보다** (写真を見る)	→	사진을 **봐요** (写真を見ます)

授業 수업 114

(학교 등에서) 지식이나 기술을 가르치는 것. 또 그 공부.
〈(学校などで) 学問や技術を教えること。また、その勉強。〉

> 韓国の高校などでは、学校により正規の授業が始まる１限の「１교시 수업（1校時授業）」の前に「０교시 수업（0校時授業）」というものもありました。

수업을 **듣다** (授業を聞く)	→ 수업을 **들어요** (授業を聞きます)
수업을 **받다** (授業を受ける)	→ 수업을 **받아요** (授業を受けます)
수업이 **재미있다** (授業が面白い)	→ 수업이 **재미있어요** (授業が面白いです)
수업을 **빼먹다** (授業をサボる)	→ 수업을 **빼먹어요** (授業をサボります)
수업이 **끝나다** (授業が終わる)	→ 수업이 **끝나요** (授業が終わります)

115 宿題 숙제

집에서 해 오도록 선생님이 내는 과제.
〈家でやってくるように、先生から出される課題。〉

韓国ではひと昔前までは、「숙제」をやっていなければ体罰を受けたり、罰として掃除が課されることもありました。

숙제를 **하다** (宿題をする)	→	숙제를 **해요** (宿題をします)
숙제를 **내다** (宿題を出す)	→	숙제를 **내요** (宿題を出します)
숙제를 **잊어버리다** (宿題を忘れてしまう)	→	숙제를 **잊어버렸어요** (宿題を忘れてしまいました)
숙제가 **밀리다** (宿題が溜まる)	→	숙제가 **밀렸어요** (宿題が溜まりました)
숙제가 **많다** (宿題が多い)	→	숙제가 **많아요** (宿題が多いです)

趣味 취미 116

일이 아니라 재미로 하는 일.
〈仕事ではなく、楽しみのためにやっていること。〉

韓国人の好きな趣味の一位は「등산（登山）」で、これは「山登り」だけでなく「ハイキング」も含みます。

취미를 **즐기다** (趣味を楽しむ)	→	취미를 **즐겨요** (趣味を楽しみます)
취미를 **가지다** (趣味を持つ)	→	취미를 **가져요** (趣味を持ちます)
취미가 **많다** (趣味が多い)	→	취미가 **많아요** (趣味が多いです)
취미가 **없다** (趣味がない)	→	취미가 **없어요** (趣味がないです)
취미를 **살리다** (趣味を活かす)	→	취미를 **살려요** (趣味を活かします)

117 小説 소설

작가가 상상력을 동원하여 사람의 삶이나 사회의 모습을 그린 문학.
〈作者が想像力を活かして、人間の生き方や社会のありさまを描いた文学。〉

韓国で一番有名な古典小説は『춘향전（春香伝）』ですが、これは妓生の娘춘향（春香）と両班の息子との身分の差を越えて結ばれるまでを描いた韓国古典の傑作です。

소설을 **읽다** (小説を読む)	→	소설을 **읽어요** (小説を読みます)
소설을 **쓰다** (小説を書く)	→	소설을 **써요** (小説を書きます)
소설이 **재미있다** (小説が面白い)	→	소설이 **재미있어요** (小説が面白いです)
소설을 **좋아하다** (小説が好きだ)	→	소설을 **좋아해요** (小説が好きです)
소설을 **소개하다** (小説を紹介する)	→	소설을 **소개해요** (小説を紹介します)

食事 식사 118

살아가기 위해 음식을 먹는 일. 또는 그런 음식.
〈生きていくために食べ物を食べること。また、その食べ物。〉

一般的に韓国では食事は皆でするという文化が強いですが、近年は「혼밥：혼자서 밥을 먹음（一人でご飯を食べる）」といって、一人で食事をすることも増えています。

식사를 하다 （食事をする）	→	식사를 해요 （食事をします）
식사를 즐기다 （食事を楽しむ）	→	식사를 즐겨요 （食事を楽しみます）
식사를 마치다 （食事を終える）	→	식사를 마쳐요 （食事を終えます）
식사를 시작하다 （食事を始める）	→	식사를 시작해요 （食事を始めます）
식사에 초대하다 （食事に招待する）	→	식사에 초대해요 （食事に招待します）

119 食堂 식당

식사를 할 수 있게 시설을 갖춘 장소.
〈食事ができるように設備を整えた場所。〉

日本の食堂では入り口で席の案内をしてもらうことが一般的ですが、韓国では自分の好きな席に座るのが普通です。

식당에서 **먹다** → 식당에서 **먹어요**
(食堂で食べる) （食堂で食べます）

식당을 **차리다** → 식당을 **차려요**
(食堂を構える) （食堂を構えます）

식당에 **가다** → 식당에 **가요**
(食堂に行く) （食堂に行きます）

식당이 **많다** → 식당이 **많아요**
(食堂が多い) （食堂が多いです）

그 식당은 **잘하다** → 그 식당은 **잘해요**
(あの食堂はおいしい) （あの食堂はおいしいです）

身長 키 120

사람이나 동물의 몸의 높이.
〈人や動物の体の高さ。〉

日本語は身長は「高い」、「低い」と表現しますが、韓国語では「크다（大きい）」、「작다（小さい）」という表現を使います。

키가 **크다** (背が高い)	→	키가 **커요** (背が高いです)
키가 **작다** (背が低い)	→	키가 **작아요** (背が低いです)
키가 **자라다** (背が伸びる)	→	키가 **자라요** (背が伸びます)
키가 **줄어들다** (背が縮む)	→	키가 **줄어들어요** (背が縮みます)
키를 **재다** (身長を測る)	→	키를 **재요** (身長を測ります)

121 新聞 신문

세상의 새로운 소식 등을 알려 주는 정기 간행물.
〈世の中の新しい出来事などを知らせてくれる定期刊行物。〉

韓国の大手新聞の名前は「서울신문（ソウル新聞）」「경향신문（京郷新聞）」などの「신문（新聞）」と「조선일보（朝鮮日報）」「동아일보（東亜日報）」「중앙일보（中央日報）」などの「일보（日報）」の二つに分かれます。

신문을 **보다** (新聞を読む)	→	신문을 **봐요** (新聞を読みます)
신문을 **받다** (新聞を取る)	→	신문을 **받아요** (新聞を取ります)
신문을 **끊다** (新聞をやめる)	→	신문을 **끊어요** (新聞をやめます)
신문에 **나오다** (新聞に出る)	→	신문에 **나와요** (新聞に出ます)
신문에 **실리다** (新聞に載る)	→	신문에 **실려요** (新聞に載ります)

睡眠 잠 　122

활동을 쉬고 자는 것.
〈活動を休んで眠ること。〉

「잠 (睡眠)」は「자다 (寝る)」という言葉から出来た名詞です。

잠을 자다 (寝る)	→	**잠을 자요** (寝ます)
잠을 **깨다** (目を覚ます)	→	잠을 **깨요** (目を覚まします)
잠이 들다 (寝入る)	→	**잠이 들어요** (寝入ります)
잠이 오다 (眠い)	→	**잠이 와요** (眠いです)
잠을 **깨우다** ((寝ている人を) 起こす)	→	잠을 **깨워요** (起こします)

123 スイカ 수박

수분이 많고 단 둥근 과일.
〈水気が多く、甘くて丸い果物。〉

韓国語の「박」は「フクベ」という意味で、「スイカ」は「水のフクベ」ということで「수박 (水-)」と言います。また、「カボチャ」は「호박」、ヒョウタンは「표주박」と言います。

수박을 **쪼개다** (スイカを割る)	→	수박을 **쪼개요** (スイカを割ります)
수박을 **자르다** (スイカを切る)	→	수박을 **잘라요** (スイカを切ります)
수박이 **빨갛다** (スイカが赤い)	→	수박이 **빨개요** (スイカを赤いです)
수박이 잘 **익다** (スイカがよく熟す)	→	수박이 잘 **익었어요** (スイカがよく熟しました)
수박이 **열리다** (スイカが実る)	→	수박이 **열려요** (スイカが実ります)

数字、数 숫자 [スッチャ] 124

수를 나타내는 글자.
〈数を表す文字。〉

韓国語も日本語と同じく、일、이、삼…のような漢字語数詞と하나、둘、셋…のような固有語数詞があります。

숫자를 세다 (数を数える)	→	숫자를 세요 (数を数えます)
숫자가 늘다 (数が増える)	→	숫자가 늘어요 (数が増えます)
숫자가 줄다 (数が減る)	→	숫자가 줄어요 (数が減ります)
숫자를 쓰다 (数字を書く)	→	숫자를 써요 (数字を書きます)
숫자를 외우다 (数字を覚える)	→	숫자를 외워요 (数字を覚えます)

〈韓国語の数詞〉

1	2	3	4	5	6	7	8	9	10
イル	イ	サム	サ	オ	ユク	チル	パル	ク	シプ
일	이	삼	사	오	육	칠	팔	구	십
ハナ	トゥル	セッ	ネッ	タソッ	ヨソッ	イルゴッ	ヨドル	アホッ	ヨル
하나	둘	셋	넷	다섯	여섯	일곱	여덟	아홉	열

125 スープ 국 <small>ク ク</small>

고기와 채소 등을 넣어 끓인 음식.
〈肉や野菜などを入れて煮た食べ物。〉

韓国で人気のある국は、「소고기국 (牛肉のスープ)」、「미역국 (わかめのスープ)」、「콩나물국 (豆もやしのスープ)」、「된장국 (味噌汁)」などがあります。

국을 **끓이다** (スープを作る)	→	국을 **끓여요** (スープを作ります)
국을 **먹다** (スープを食べる)	→	국을 **먹어요** (スープを食べます)
국이 **짜다** (スープがしょっぱい)	→	국이 **짜요** (スープがしょっぱいです)
국이 **싱겁다** (スープが薄い)	→	국이 **싱거워요** (スープが薄いです)
국을 **푸다** (スープをすくう)	→	국을 **퍼요** (スープをすくいます)

スカート 치마 (チマ) 126

여자가 몸의 아래쪽에 입는 통으로 된 옷.
〈女性が下半身につける筒型の服。〉

日本語の場合、スカートやズボンなどを身に着けることは「穿く」と言いますが、韓国語の場合はいずれも「着る」に当たる「입다」という表現を使います。なお、エプロンは「앞치마（前のスカート）」と言います。

치마를 **입다** （スカートを穿く）	→	치마를 **입어요** （スカートを穿きます）
치마를 **벗다** （スカートを脱ぐ）	→	치마를 **벗어요** （スカートを脱ぎます）
치마가 **짧다** （スカートが短い）	→	치마가 **짧아요** （スカートが短いです）
치마가 **멋지다** （スカートが素敵だ）	→	치마가 **멋져요** （スカートが素敵です）
앞치마를 **두르다** （エプロンをかける）	→	앞치마를 **둘러요** （エプロンをかけます）

127 スポーツ スポチュ

여러가지 운동이나 경기.
〈いろいろな運動や競技。〉

韓国は従来エリートスポーツの傾向が強く、今も高校の野球チームは60校、サッカーチームは100校くらいしかありません。近年は大衆スポーツに力を入れています。

스포츠를 하다 (スポーツをする)	→	스포츠를 해요 (スポーツをします)
스포츠를 좋아하다 (スポーツが好きだ)	→	스포츠를 좋아해요 (スポーツが好きです)
스포츠를 즐기다 (スポーツを楽しむ)	→	스포츠를 즐겨요 (スポーツを楽しみます)
스포츠를 응원하다 (スポーツを応援する)	→	스포츠를 응원해요 (スポーツを応援します)
스포츠를 보다 (スポーツを観戦する)	→	스포츠를 봐요 (スポーツを観戦します)

席 자리 128

앉기에 편하게 만든 곳.
〈座りやすく作ったところ。〉

韓国では電車のバスの中で、「경로석（敬老席：シルバシート）」でなくても、老人にさっと席を譲ることが多いです。

자리에 **앉다** (席に座る)	→	자리에 **앉아요** (席に座ります)
자리가 **비다** (席が空く)	→	자리가 **비었어요** (席が空きます)
자리에서 **일어나다** (席から起きる)	→	자리에서 **일어나요** (席から起きます)
자리를 **잡다** (席を取る)	→	자리를 **잡아요** (席を取ります)
자리를 **바꾸다** (席を変える)	→	자리를 **바꿔요** (席を変えます)

129 先生 선생님

학교 등에서 가르치는 사람.
〈学校などで教える人。〉

韓国語の「선생님」は「선생（先生）」という漢字語に「님：様という意」という接尾語がついたものです。「선생（先生）」だけでは敬語表現になりません。

선생님을 **따르다** （先生を慕う）	→	선생님을 **따라요** （先生を慕います）
선생님이 **가르치다** （先生が教える）	→	선생님이 **가르쳐요** （先生が教えます）
선생님을 **좋아하다** （先生が好きだ）	→	선생님을 **좋아해요** （先生が好きです）
선생님이 **무섭다** （先生が怖い）	→	선생님이 **무서워요** （先生が怖いです）
선생님이 **자상하다** （先生が優しい）	→	선생님이 **자상해요** （先生が優しいです）

空 하늘 130

땅 위에서 올려다봤을 때의 윗쪽의 공간.
〈地上から見上げたときの、上の方の空間。〉

> 韓国語で「神様」は「하느님」と言いますが、これは「하늘（空）＋님（様）」から出来た言葉で、「空にいる神様」という意味です。

하늘이 **맑다** (空が晴れる)	→	하늘이 **맑아요** (空が晴れます)
하늘이 **흐리다** (空が曇る)	→	하늘이 **흐려요** (空が曇ります)
하늘이 **넓다** (空が広い)	→	하늘이 **넓어요** (空が広いです)
하늘을 **날다** (空を飛ぶ)	→	하늘을 **날아요** (空を飛びます)
하늘이 **파랗다** (空が青い)	→	하늘이 **파래요** (空が青いです)

131 大学 대학(テハク)

고등학교를 졸업한 사람을 위한 교육기관.
〈高等学校を卒業した人のための教育機関。〉

韓国では80年代の初めまで、総合大学を「大学校」、単科大学を「大学」と呼んでいました。そのあと、4年制の大学を「대학교（大学校）」、2年制の短大や専門大学を「대학（大学）」と呼んでいましたが、今は短大や専門大学も自由に「대학교」という呼称を使えるようになりました。

대학에 **다니다** (大学に通う) →	대학에 **다녀요** (大学に通います)
대학에 **들어가다** (大学に入る) →	대학에 **들어가요** (大学に入ります)
대학에 **합격하다** (大学に合格する) →	대학에 **합격해요** (大学に合格します)
대학에 **입학하다** (大学に入学する) →	대학에 **입학해요** (大学に入学します)
대학을 **졸업하다** (大学を卒業する) →	대학을 **졸업해요** (大学を卒業します)

太陽 해 132

매일 아침 동쪽에서 떠서 저녁에 서쪽으로 지는 밝고 둥근 천체.
〈毎朝、東側から昇って、夕方に西側に暮れる明るくて丸い天体。〉

「햇빛」、「햇볕」という言葉がありますが、「햇빛」は「太陽の光」、「햇볕」は「太陽の熱」に重きをおいた言葉です。

해가 **뜨다** (日が昇る)	→	해가 **떠요** (日が昇ります)
해가 **지다** (日が暮れる)	→	해가 **져요** (日が暮れます)
해가 **저물다** (日が暮れる)	→	해가 **저물어요** (日が暮れます)
해가 **길다** (日脚が長い)	→	해가 **길어요** (日脚が長いです)
해가 **밝다** (太陽が明るい)	→	해가 **밝아요** (太陽が明るいです)

133 タクシー 택시

돈을 받고 손님을 목적지까지 태워 주는 자동차.
〈お金をもらって客を目的地まで乗せてくれる自動車。〉

韓国のタクシーは駅周辺やバス停周辺なら、「택시타는곳（タクシー乗り場）」がありますが、ふだんは流しタクシーをつかまえることが多いです。近年は電話で呼ぶことも増えています。また、韓国のタクシーは手動ドアなので、乗降時ドアの開閉は自分でしなければなりません。

택시를 **타다** (タクシーに乗る)	→	택시를 **타요** (タクシーに乗ります)
택시에서 **내리다** (タクシーから降りる)	→	택시에서 **내려요** (タクシーから降ります)
택시를 **부르다** (タクシーを呼ぶ)	→	택시를 **불러요** (タクシーを呼びます)
택시를 **세우다** (タクシーを止める)	→	택시를 **세워요** (タクシーを止めます)
택시를 **잡다** (タクシーを捕まえる)	→	택시를 **잡아요** (タクシーを捕まえます)

タバコ 담배 134

불을 붙여서 연기를 피우는 기호품.
〈火をつけて煙を吸う嗜好品。〉

韓国ではタバコのマナーが厳しく、父親の前では絶対吸ってはいけないことになっています。

담배를 **피우다** (タバコを吸う)	→	담배를 **피워요** (タバコを吸います)
담배를 **끊다** (タバコをやめる)	→	담배를 **끊어요** (タバコをやめます)
담배가 **해롭다** (タバコが（体に）悪い)	→	담배가 **해로워요** (タバコが（体に）悪いです)
담배가 **순하다** (タバコがまろやかだ)	→	담배가 **순해요** (タバコがまろやかです)
담배에 불을 **붙이다** (タバコに火をつける)	→	담배에 불을 **붙여요** (タバコに火をつけます)

135 食べ物 음식 _{ウム シク}

사람이 먹고 마시는 것.
〈人が飲み食いするもの。〉

韓国語の「음식（飲食）」は「飲み食い」の意味ではなく、「食べ物」や「料理」を指します。

음식을 **만들다** （食べ物を作る）	→	음식을 **만들어요** （食べ物を作ります）
음식을 **버리다** （食べ物を捨てる）	→	음식을 **버려요** （食べ物を捨てます）
음식이 **남다** （食べ物が余る）	→	음식이 **남아요** （食べ物が余ります）
음식이 **맛있다** （食べ物がおいしい）	→	음식이 **맛있어요** （食べ物がおいしいです）
음식이 입에 **맞다** （食べ物が口に合う）	→	음식이 입에 **맞아요** （食べ物が口に合います）

単語 단어 136

뜻을 나타내는 말의 가장 작은 단위.
〈意味を表す言葉の、最小の単位。〉

「単語」は漢字語では「단어（単語）」、固有語では「낱말」と言います。

단어를 **찾다** （単語を調べる）	→	단어를 **찾아요** （単語を調べます）
단어를 **외우다** （単語を覚える）	→	단어를 **외워요** （単語を覚えます）
단어를 **쓰다** （単語を書く）	→	단어를 **써요** （単語を書きます）
단어를 **잊다** （単語を忘れる）	→	단어를 **잊어요** （単語を忘れます）
단어를 **모르다** （単語を知らない）	→	단어를 **몰라요** （単語を知りません）

137 誕生日 생일

태어난 날.
〈生まれた日。〉

「誕生日」は「생일 (生日)」と言いますが、目上の人の誕生日は「생신 (生辰)」と言います。

생일을 **맞이하다** (誕生日を迎える)	→ 생일을 **맞이해요** (誕生日を迎えます)
생일을 **축하하다** (誕生日を祝う)	→ 생일을 **축하해요** (誕生日を祝います)
생일에 미역국을 **먹다** (誕生日にワカメスープを食べる)	→ 생일에 미역국을 **먹어요** (誕生日にワカメスープを食べます)
생일이 **같다** (誕生日が同じだ)	→ 생일이 **같아요** (誕生日が同じです)
생일에 **초대하다** (誕生日に招待する)	→ 생일에 **초대해요** (誕生日に招待します)

血 ピ **138**

몸 안을 돌고 있는 붉은 액체.
〈体の中を流れる赤い液体。〉

「血は水よりも濃い（Blood is thicker than water）」という英語の諺は韓国でも「피는 물보다 진하다」と言って広く使われています。

피가 **나다** （血が出る）	→	피가 **나요** （血が出ます）
피를 **흘리다** （血を流す）	→	피를 **흘렸어요** （血を流しました）
피를 **나누다** （血を分ける）	→	피를 **나눴어요** （血を分けています）
피를 **닦다** （血をぬぐう）	→	피를 **닦아요** （血をぬぐいます）
피가 **묻다** （血が付着する）	→	피가 **묻었어요** （血が付着しています）

TRACK NO.138

139 地下鉄 지하철

땅속에 굴을 파서 놓은 철도.
〈地下にトンネルを掘って敷いた鉄道。〉

韓国の地下鉄は私鉄はなく、いずれも公社が運営しています。また、開通した順番をつけており、現在ソウルでは地下鉄は９号線までが運行されています。なお、地下鉄のことを「전철電鉄」とも言います。

지하철을 **타다** (地下鉄に乗る)	→	지하철을 **타요** (地下鉄に乗ります)
지하철을 **갈아타다** (地下鉄を乗り換える)	→	지하철을 **갈아타요** (地下鉄を乗り換えます)
지하철을 **내리다** (地下鉄を降りる)	→	지하철을 **내려요** (地下鉄を降ります)
지하철이 **편리하다** (地下鉄が便利だ)	→	지하철이 **편리해요** (地下鉄が便利です)
지하철이 **빠르다** (地下鉄が速い)	→	지하철이 **빨라요** (地下鉄が速いです)

力 힘 140

사람이나 동물 따위가 스스로 움직이거나 다른 것을 움직이게 하는 능력.
〈人や動物などが自分が動いたり他のものを動かしたりする能力。〉

「밥심」という言葉がありますが、これは「밥을 먹고 생긴 힘（飯を食べてできた力）」の「밥힘」が転じたものです。

힘을 **주다** (力を**くれる**)	→	힘을 **줘요** (力を**くれます**)
힘을 **내다** (力を**出す**)	→	힘을 **내요** (力を**出します**)
힘이 **세다** (力が**強い**)	→	힘이 **세요** (力が**強いです**)
힘이 **약하다** (力が**弱い**)	→	힘이 **약해요** (力が**弱いです**)
힘이 들다 (**大変だ**)	→	**힘이 들어요** (**大変です**)

141 チケット 표

공연을 보거나 시설 등을 이용하기 위한 입장권이나 승차권 등.
〈公演を見たり、施設などを使用したりするための入場券や乗車券など。〉

日本語はチケットという外来語を使いますが、韓国では「티켓(チケット)」という外来語とともに「표(票)」という漢字語を使います。なお、韓国では표を買う人の立場から「チケット売り場」を「표 사는 곳(票買うところ)」という表現を使います。

표를 **사다** (チケットを買う)	→	표를 **사요** (チケットを買います)
표를 **끊다** (チケットを買う)	→	표를 **끊어요** (チケットを買います)
표를 **팔다** (チケットを売る)	→	표를 **팔아요** (チケットを売ります)
표를 **구하다** (チケットを求める)	→	표를 **구해요** (チケットを求めます)
표를 **예매하다** (チケットを予約する)	→	표를 **예매해요** (チケットを予約します)

地図 지도 142

바다, 육지, 산, 강 등의 모습을 일정한 비율로 줄여 그린 그림.
〈海、陸、山、川などの様子を、一定の比率で縮めて書き表した図。〉

> 韓国語では「地図」は、印刷したものは「지도（地図）」、通勤や通学などの経路を書いた手書きのものは「약도（略図）」と言います。

지도를 **보다** （地図を見る）	→	지도를 **봐요** （地図を見ます）
지도를 **그리다** （地図を描く）	→	지도를 **그려요** （地図を描きます）
지도를 **찾다** （地図を探す）	→	지도를 **찾아요** （地図を探します）
지도에 **나오다** （地図に出る）	→	지도에 **나와요** （地図に出ます）
지도를 **만들다** （地図を作る）	→	지도를 **만들어요** （地図を作ります）

143 月 달 〈タル〉

밤에는 태양의 빛을 반사하여 밝게 빛나는 지구의 위성.
〈夜は太陽の光を反射して明るく輝く地球の衛星。〉

満月は「보름달」、半月は「반달」、上弦の三日月を「초승달」、下弦の三日月を「그믐달」と言います。

달이 **뜨다** (月が昇る)	→	달이 **떠요** (月が昇ります)
달이 **지다** (月が傾く)	→	달이 **져요** (月が傾きます)
달이 **밝다** (月が明るい)	→	달이 **밝아요** (月が明るいです)
달이 **나오다** (月が出る)	→	달이 **나와요** (月が出ます)
달이 **비치다** (月が照る)	→	달이 **비쳐요** (月が照ります)

机 책상 [チェク サン] 144

공부를 하거나 사무를 보거나 할 때 쓰는 상.
〈勉強したり事務をしたりするときにつかう台。〉

> 机を「책상（冊床）」と言いますが、これは「本を置く床」ということから出来た言葉です。なお、食卓は「밥상（-床）：ご飯の床という意味」と言います。

책상에서 공부하다 (机で勉強する)	→	책상에서 공부해요 (机で勉強します)
책상 앞에 앉다 (机の前に座る)	→	책상 앞에 앉아요 (机の前に座ります)
책상을 놓다 (机を置く)	→	책상을 놓아요 (机を置きます)
책상을 옮기다 (机を移す)	→	책상을 옮겨요 (机を移します)
책상을 닦다 (机を拭く)	→	책상을 닦아요 (机を拭きます)

145 土 흙

바위가 잘게 부서져서 지구의 표면을 이루는 물질.
〈岩が細かく砕けて地球の表面をなす物質。〉

「흙」は「흑」と発音します。ただし、「흙을」の場合は「흘글」、「흙이」の場合は「흘기」と発音します。

흙을 **만지다** (土を触る)	→	흙을 **만져요** (土を触ります)
흙이 **묻다** (土が付着する)	→	흙이 **묻어요** (土が付着します)
흙을 **덮다** (土をかぶせる)	→	흙을 **덮어요** (土をかぶせます)
흙을 **파다** (土を掘る)	→	흙을 **파요** (土を掘ります)
흙에 **심다** (土に植える)	→	흙에 **심어요** (土に植えます)

手 손 146

무엇을 만지거나 잡을 때 쓰는 팔 끝에 있는 신체 부위.
〈何かを触ったり、取ったりするときに使う腕の先にある身体部位。〉

手の指は「손가락」、親指は「엄지 (손가락)」、人差し指は「집게손가락」、中指は「가운데손가락」、薬指は「약손가락」、小指は「새끼손가락」と言います。なお、足の指は「발가락」と言います。

손을 잡다 (手をつなぐ)	→	손을 잡아요 (手をつなぎます)
손을 흔들다 (手を振る)	→	손을 흔들어요 (手を振ります)
손을 씻다 (手を洗う)	→	손을 씻어요 (手を洗います)
손을 들다 (手を挙げる)	→	손을 들어요 (手を挙げます)
손을 내리다 (手を下ろす)	→	손을 내려요 (手を下ろします)

147 手紙 편지

누구에게 전하고 싶은 말을 적어서 보내는 글.
〈誰かに伝えたい言葉を書いて送る文。〉

「편지」は漢字語で「便紙」または「片紙」と言います。また、日本語では「手紙を出す」と言いますが、韓国語では「手紙を送る」と言います。

편지를 **쓰다** (手紙を書く)	→	편지를 **써요** (手紙を書きます)
편지를 **보내다** (手紙を送る)	→	편지를 **보내요** (手紙を送ります)
편지를 **받다** (手紙をもらう)	→	편지를 **받아요** (手紙をもらいます)
편지를 **부치다** (手紙を出す)	→	편지를 **부쳐요** (手紙を出します)
편지가 **오다** (手紙が届く)	→	편지가 **와요** (手紙が届きます)

テレビ 텔레비전 148

방송국에서 보내오는 동영상을 보여 주는 기계.
〈放送局から送られる映像を見せてくれる機械。〉

韓国では「テレビ」を「텔레비전」、または「텔레비」、「테레비」、「티브이（TV）」とも言います。

텔레비전을 **보다** （テレビを見る）	→	텔레비전을 **봐요** （テレビを見ます）
텔레비전을 **켜다** （テレビをつける）	→	텔레비전을 **켜요** （テレビをつけます）
텔레비전을 **끄다** （テレビを消す）	→	텔레비전을 **꺼요** （テレビを消します）
텔레비전에 **나오다** （テレビに出る）	→	텔레비전에 **나와요** （テレビに出ます）
텔레비전이 **재미있다** （テレビが面白い）	→	텔레비전이 **재미있어요** （テレビが面白いです）

149 天気 날씨

비, 눈, 구름, 비 등 하늘의 상태나 기온 등의 상태.
〈雨・雪・雲・雨など空の状態や気温などの状態。〉

「天気」は固有語の「날씨」、または漢字語の「일기（日気）」とも言います。

날씨가 **좋다** （天気がいい） →	날씨가 **좋아요** （天気がいいです）
날씨가 **따뜻하다** （天気が暖かい） →	날씨가 **따뜻해요** （天気が暖かいです）
날씨가 **나쁘다** （天気が悪い） →	날씨가 **나빠요** （天気が悪いです）
날씨가 **흐리다** （天気が曇っている） →	날씨가 **흐려요** （天気が曇っています）
날씨가 **맑다** （天気が晴れている） →	날씨가 **맑아요** （天気が晴れています）

電気 전기 150

빛이나 열을 내거나 기계 등을 움직이는 데 쓰이는 에너지.
〈光や熱を出したり機械などを動かしたりするのに使われるエネルギー。〉

一般的に電線は「전선（電線）」、または「전깃줄（電気-）：電気の紐の意」、「電信柱」は「전신주（電信柱）」、または「전봇대（電報-）」と言います。

전기를 **켜다** （電気をつける）	→	전기를 **켜요** （電気をつけます）
전기가 **들어오다** （電気がつく）	→	전기가 **들어와요** （電気がつきます）
전기를 **끄다** （電気を消す）	→	전기를 **꺼요** （電気を消します）
전기가 **나가다** （電気が消える）	→	전기가 **나갔어요** （電気が消えました）
전기를 **아껴 쓰다** （電気を節約する）	→	전기를 **아껴 써요** （電気を節約します）

151 電話 전화

멀리 떨어져 있는 상대와 대화할 수 있도록 만든 장치.
〈遠くの相手と対話できるよう作られた装置。〉

韓国の人は家の電話に出るとき、あまり自分の名字を名乗ることはなく、「여보세요 (もしもし)」と答える場合が多いです。というのは日本に比べて名字の数が極端に少なく、また、家族同士でも名字が違うからです。

전화를 하다 (電話をする)	→	전화를 해요 (電話をします)
전화를 걸다 (電話をかける)	→	전화를 걸어요 (電話をかけます)
전화를 받다 (電話を取る)	→	전화를 받아요 (電話を取ります)
전화가 걸려 오다 (電話がかかってくる)	→	전화가 걸려 와요 (電話がかかってきます)
전화를 끊다 (電話を切る)	→	전화를 끊어요 (電話を切ります)

トイレ 화장실 152

대변이나 소변을 보도록 만들어 놓은 곳.
〈大便や小便をするために作られたところ。〉

> トイレは一般的に「화장실（化粧室）」と言います。ひと昔前までは「변소（便所）」という言葉も使われていましたが、今はほとんど使われていません。

화장실에 **가다** （トイレに行く）	→	화장실에 **가요** （トイレに行きます）
화장실에서 **나오다** （トイレから出る）	→	화장실에서 **나와요** （トイレから出ます）
화장실에 **갔다 오다** （トイレに行ってくる）	→	화장실에 **갔다 와요** （トイレに行ってきます）
화장실을 **청소하다** （トイレを掃除する）	→	화장실을 **청소해요** （トイレを掃除します）
화장실이 **깨끗하다** （トイレが綺麗だ）	→	화장실이 **깨끗해요** （トイレが綺麗です）

153 唐辛子 고추

익으면 매운 맛이 나는 손가락 만한 빨간 열매가 달리는 식물.
〈熟すと辛い味がする指ほどの大きさの赤い実がなる植物。〉

「唐辛子」は中国から入ってきたということでつけられた言葉ですが、韓国では昔、日本から入ってきたということで「倭芥子」と言われました。

고추가 **맵다** (唐辛子が辛い)	→	고추가 **매워요** (唐辛子が辛いです)
고추가 **작다** (唐辛子が小さい)	→	고추가 **작아요** (唐辛子が小さいです)
고추를 **심다** (唐辛子を植える)	→	고추를 **심어요** (唐辛子を植えます)
고추를 **기르다** (唐辛子を育てる)	→	고추를 **길러요** (唐辛子を育てます)
고추를 **따다** (唐辛子を摘む)	→	고추를 **따요** (唐辛子を摘みます)

動物 동물 154

사람, 짐승, 새, 물고기 따위의 스스로 움직일 수 있는 생물.
〈人間・獣・鳥・魚などの自ら動くことのできる生物。〉

> 韓国では犬や猫などのペットのことを「애완동물（愛玩動物）」または、「반려동물（伴侶動物）」と呼んでいます。

동물을 **기르다** (動物を育てる)	→	동물을 **길러요** (動物を育てます)
동물을 **키우다** (動物を育てる)	→	동물을 **키워요** (動物を育てます)
동물을 **좋아하다** (動物が好きだ)	→	동물을 **좋아해요** (動物が好きです)
동물이 **많다** (動物が多い)	→	동물이 **많아요** (動物が多いです)
동물이 **귀엽다** (動物が可愛い)	→	동물이 **귀여워요** (動物が可愛いです)

155 時 때 ッテ

어떤 일이 생기는 시간.
〈あることが起こる時間。〉

韓国語の「때」には「時」という意味の他に、同形異義語として「垢」という意味の言葉もあります。

때가 **되다** (時が来る)	→	때가 **돼요** (時が来ます)
때를 **기다리다** (時を待つ)	→	때를 **기다려요** (時を待ちます)
때가 **이르다** (時が早い)	→	때가 **일러요** (時が早いです)
때를 **놓치다** (時を逃す)	→	때를 **놓쳐요** (時を逃します)
때가 **지나다** (時が過ぎる)	→	때가 **지나요** (時が過ぎます)

時計 시계 156

시각을 나타내거나 시간을 재거나 하는 기계.
〈時刻を示したり、時間を計ったりする機械。〉

掛け時計は「벽시계（壁時計）」、置き時計は「탁상시계（卓上時計）」、腕時計は「손목시계（手首時計）」と言います。

시계를 **보다** (時計を見る)	→	시계를 **봐요** (時計を見ます)
시계가 **빠르다** (時計が進んでいる)	→	시계가 **빨라요** (時計の針が進んでいます)
시계가 **늦다** (時計が遅れている)	→	시계가 **늦어요** (時計が遅れています)
시계를 **맞추다** (時計を合わせる)	→	시계를 **맞추어요** (時計を合わせます)
시계가 **안 가다** (時計が進まない)	→	시계가 **안 가요** (時計が進みません)

157 歳 나이

사람이나 생물 따위가 살아온 햇수.
〈人や生物などが生きてきた年数。〉

韓国人は日本人に比べてとても相手の年齢を気にします。これは敬語の体系が日本と違うため、呼称や言葉遣いをはっきりさせるためです。

나이가 **젊다** → 나이가 **젊어요**
(歳が若い)　　　(歳が若いです)

나이가 **많다** → 나이가 **많아요**
(年齢が高い)　　　(年齢が高いです)

나이가 **어리다** → 나이가 **어려요**
(年齢が低い)　　　(年齢が低いです)

나이를 **먹다** → 나이를 **먹어요**
(歳をとる)　　　(歳をとります)

나이가 **들다** → 나이가 **들어요**
(歳をとる)　　　(歳をとります)

図書館 도서관 158

많은 책을 모아 여러 사람들이 볼 수 있게 해 둔 곳.
〈たくさんの本を集めて、多くの人が読めるようにしてあるところ。〉

日本での公共図書館は一般市民が立ち寄って本を貸してもらったり、そこで本を読んだりするというイメージがありますが、韓国での公共図書館は学生が試験勉強をする場所というイメージが強いです。

도서관에서 **공부하다** （図書館で勉強する）	→	도서관에서 **공부해요** （図書館で勉強します）
도서관에 **가다** （図書館に行く）	→	도서관에 **가요** （図書館に行きます）
도서관에서 책을 **빌리다** （図書館で本を借りる）	→	도서관에서 책을 **빌려요** （図書館で本を借ります）
도서관에서 자료를 **찾다** （図書館で資料を探す）	→	도서관에서 자료를 **찾아요** （図書館で資料を探します）
도서관에 **들르다** （図書館に寄る）	→	도서관에 **들러요** （図書館に寄ります）

159 土地 땅

1 육지.
〈陸地。〉

2 경지와 택지 등 다양하게 이용하는 곳.
〈耕地や宅地など、さまざまに利用するところ。〉

> 「땅」は土地の他に土の意味もありますが、ピーナツのことを「땅콩（土の豆）」と言います。

땅을 **사다** （土地を買う）	→	땅을 **사요** （土地を買います）
땅을 **팔다** （土地を売る）	→	땅을 **팔아요** （土地を売ります）
땅이 **넓다** （土地が広い）	→	땅이 **넓어요** （土地が広いです）
땅이 **좁다** （土地が狭い）	→	땅이 **좁아요** （土地が狭いです）
땅에 **심다** （土に植える）	→	땅에 **심어요** （土に植えます）

友達 친구 160

친하게 지내는 상대.
〈親しく付き合っている相手。〉

「친구」という言葉は韓国独自の漢字語で、「旧くから親しい人」ということで「親旧」と書きます。

친구를 **사귀다** （友達を作る）	→	친구를 **사귀어요** （友達を作ります）
친구를 **만들다** （友達を作る）	→	친구를 **만들어요** （友達を作ります）
친구가 **많다** （友達が多い）	→	친구가 **많아요** （友達が多いです）
친구와 **친하다** （友達と親しい）	→	친구와 **친해요** （友達と親しいです）
친구를 **만나다** （友達に会う）	→	친구를 **만나요** （友達に会います）

161 ドラマ 드라마

극장이나 방송에서 공연되는 연극이나 방송극.
〈劇場や放送で公演される演劇や放送劇。〉

韓国では、アメリカや日本のドラマも人気がありますが、「한국드라마（韓国ドラマ）」を略して「한드」、「미국드라마（アメリカドラマ）」を「미드」、「일본드라마（日本ドラマ）」を「일드」とも言います。

드라마를 **보다** (ドラマを見る)	→	드라마를 **봐요** (ドラマを見ます)
드라마를 **찍다** (ドラマを撮る)	→	드라마를 **찍어요** (ドラマを撮ります)
드라마를 **녹화하다** (ドラマを録画する)	→	드라마를 **녹화해요** (ドラマを録画します)
드라마에 **나오다** (ドラマに出演する)	→	드라마에 **나와요** (ドラマに出演します)
드라마를 **즐기다** (ドラマを楽しむ)	→	드라마를 **즐겨요** (ドラマを楽しみます)

鳥 새 162

날개가 있어서 날 수 있는 다리가 두 개 달린 동물.
〈羽があって飛ぶことができる、脚が二つの動物。〉

日本語の「トリ」には「鳥」と「鶏」がありますが、韓国語の「새」は「鳥」だけを指します。なお、「鶏」のことは「닭」と言います。

새가 **울다** (鳥が鳴く)	→	새가 **울어요** (鳥が鳴きます)
새가 **지저귀다** (鳥がさえずる)	→	새가 **지저귀어요** (鳥がさえずります)
새가 **날다** (鳥が飛ぶ)	→	새가 **날아요** (鳥が飛びます)
새가 **날아가다** (鳥が飛んでいく)	→	새가 **날아가요** (鳥が飛んでいきます)
새가 **귀엽다** (鳥が可愛い)	→	새가 **귀여워요** (鳥が可愛いです)

163 仲 사이

사람과 사람의 관계.
〈人と人との関係。〉

「사이」は「(人同士の) 仲」の他に、「物と物との間」という意味もあります。

사이가 좋다 (仲が良い)	→	사이가 좋아요 (仲が良いです)
사이가 좋아지다 (仲が良くなる)	→	사이가 좋아져요 (仲が良くなります)
사이가 나쁘다 (仲が悪い)	→	사이가 나빠요 (仲が悪いです)
사이가 가깝다 (親しい)	→	사이가 가까워요 (親しいです)
사이가 멀다 (よそよそしい)	→	사이가 멀어요 (よそよそしいです)

夏 여름 164

봄 다음에 오는 더운 계절.
〈春の次に来る暑い季節。〉

> 学校の「夏休み」は「여름 방학(-放学)」と言います。「방학(放学)」は「学ぶことを放る」が由来と言われています。

여름은 덥다 (夏は暑い)	→	여름은 더워요 (夏は暑いです)
여름을 나다 (夏を過ごす)	→	여름을 나요 (夏を過ごします)
여름을 보내다 (夏を過ごす)	→	여름을 보내요 (夏を過ごします)
여름이 오다 (夏が来る)	→	여름이 와요 (夏が来ます)
여름이 지나가다 (夏が過ぎ去る)	→	여름이 지나가요 (夏が過ぎ去ります)

165 名前 이름

사람이나 물건 따위를 다른 것과 구별하기 위해 부르는 말.
〈人やものを他と区別するために呼ぶ言葉。〉

日本の30万種類以上の苗字に比べたら韓国人の苗字の数は300未満で雲泥の差です。それも上位の金、李、朴だけでほぼ45%です。そこで韓国では名札も表札も全部フルネームを使います。

이름을 **쓰다** (名前を書く)	→	이름을 **써요** (名前を書きます)
이름을 **짓다** (名前をつける)	→	이름을 **지어요** (名前をつけます)
이름을 **달다** (名前をつける)	→	이름을 **달아요** (名前をつけます)
이름을 **알다** (名前を知っている)	→	이름을 **알아요** (名前を知っています)
이름을 **듣다** (名前を聞く)	→	이름을 **들었어요** (名前を聞きました)

涙 눈물 166

슬프거나 아플 때 눈에서 나오는 액체.
〈悲しかったり痛かったりするとき、目から出る液体。〉

涙を「눈물」というのは「目から出てくる水」という意味です。ちなみに「鼻水」は「콧물（鼻の水）」と言います。

눈물을 **흘리다** （涙を流す）	→	눈물을 **흘려요** （涙を流します）
눈물을 **닦다** （涙を拭く）	→	눈물을 **닦아요** （涙を拭きます）
눈물이 **흐르다** （涙が流れる）	→	눈물이 **흘러요** （涙が流れます）
눈물이 **나다** （涙が出る）	→	눈물이 **나요** （涙が出ます）
눈물이 많다 （涙もろい）	→	**눈물이 많아요** （涙もろいです）

167 におい 냄새

코로 맡을 수 있는 느낌.
〈鼻で嗅ぐことができる感覚。〉

「においがする」は「냄새가 나다（においが出る）」、「音がする」は「소리가 나다（音がする）」と言います。

냄새가 **나다** （においがする）	→	냄새가 **나요** （においがします）
냄새를 **없애다** （においを消す）	→	냄새를 **없애요** （においを消します）
냄새를 **맡다** （においを嗅ぐ）	→	냄새를 **맡아요** （においを嗅ぎます）
냄새를 피우다 （におわす）	→	**냄새를 피워요** （におわします）
냄새가 **좋다** （においが良い）	→	냄새가 **좋아요** （においが良いです）

肉 고기　168

음식으로 먹는 짐승의 살.
〈食べ物として食べる動物の肉。〉

> 「고기」は 肉だけでなく、魚も表します。明確に魚のみを指すときは「물고기」、また食用としての魚を指すときは「생선 (生鮮)」と言います。

고기를 **먹다** (肉を食べる)	→	고기를 **먹어요** (肉を食べます)
고기를 **굽다** (肉を焼く)	→	고기를 **구워요** (肉を焼きます)
고기를 **썰다** (肉を切る)	→	고기를 **썰어요** (肉を切ります)
고기가 **질기다** (肉が固い)	→	고기가 **질겨요** (肉が固いです)
고기가 **연하다** (肉がやわらかい)	→	고기가 **연해요** (肉がやわらかいです)

169 荷物 チム 짐

옮기기 위해 싸 놓은 물건.
〈持ち運ぶためにまとめておいた品物。〉

> 韓国語の「引っ越し」は「이사（移徙）」、「引っ越し荷物」を「이삿짐」と言います。「이사（移徙）」は数字の「24」と発音が同じことから、「이삿짐 센터（引っ越し荷物センター）」の電話番号は「2424」が多いです。

짐을 **들다** (荷物を持つ)	→ 짐을 **들어요** (荷物を持ちます)
짐을 **싣다** (荷物を載せる)	→ 짐을 **실어요** (荷物を載せます)
짐을 **옮기다** (荷物を運ぶ)	→ 짐을 **옮겨요** (荷物を運びます)
짐을 **맡기다** (荷物を預ける)	→ 짐을 **맡겨요** (荷物を預けます)
짐을 **찾다** ((預けていた) 荷物を受け取る)	→ 짐을 **찾아요** (荷物を受け取ります)

人気 インキ 인기　170

무엇에 대해 쏠리는 많은 사람들의 관심.
〈何かに対して集まる世間の人々からの関心。〉

'인기 (人気)'의 발음은 '인끼'입니다.

인기가 **있다** （人気がある）	→	인기가 **있어요** （人気があります）
인기가 **좋다** （人気がある）	→	인기가 **좋아요** （人気があります）
인기가 **높다** （人気が高い）	→	인기가 **높아요** （人気が高いです）
인기를 **얻다** （人気を得る）	→	인기를 **얻어요** （人気を得ます）
인기를 **끌다** （人気を呼ぶ）	→	인기를 **끌어요** （人気を呼びます）

171 ネクタイ 넥타이

와이셔츠 등의 깃의 앞쪽에 매는 가늘고 긴 천.
〈ワイシャツなどのエリの前で結ぶ細長い布。〉

「넥타이 부대（ネクタイ部隊）」という言葉は「ネクタイを結んだサラリーマンの集団」ということで、軍事独裁のとき、大学生とともに反独裁デモに参加したサラリーマンを表します。

넥타이를 **매다** （ネクタイを締める）	→	넥타이를 **매요** （ネクタイを締めます）
넥타이를 **풀다** （ネクタイをほどく）	→	넥타이를 **풀어요** （ネクタイをほどきます）
넥타이를 **고르다** （ネクタイを選ぶ）	→	넥타이를 **골라요** （ネクタイを選びます）
넥타이를 **하다** （ネクタイをする）	→	넥타이를 **해요** （ネクタイをします）
넥타이가 잘 **어울리다** （ネクタイがよく似合う）	→	넥타이가 잘 **어울려요** （ネクタイがよく似合います）

猫 고양이 172

쥐를 잘 잡는 습성이 있어 집에서 기르는 동물.
〈ネズミを捕ることが上手い習性があって、家で飼われる動物。〉

韓国でも猫がペットとして市民権を得ています。従来、「野良猫」は「도둑고양이（泥棒猫）」と言われてきましたが、近年は「길고양이（道猫）」や「길냥이（道猫）」と言われるようになりました。なお、韓国での猫の鳴き声は「냐옹」と言います。

고양이를 **기르다** （猫を飼う）	→	고양이를 **길러요** （猫を飼います）
고양이를 **키우다** （猫を育てる）	→	고양이를 **키워요** （猫を育てます）
고양이가 **귀엽다** （猫が可愛い）	→	고양이가 **귀여워요** （猫が可愛いです）
고양이가 쥐를 **잡다** （猫がネズミを捕まえる）	→	고양이가 쥐를 **잡아요** （猫がネズミを捕まえます）
고양이가 **울다** （猫が鳴く）	→	고양이가 **울어요** （猫が鳴きます）

値段 값

  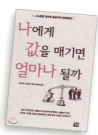

사물이 지니고 있는 가치. 또는 물건을 주고 살 때 주고 받는 돈.
〈ものが持っている価値。または品物を売り買いするときの金額。〉

韓国ではお店によっては商品に値札が付いているものも多いですが、市場などでの값の交渉は買い物の楽しみの一つです。

값이 **비싸다** (値段が高い)	→	값이 **비싸요** (値段が高いです)
값이 **싸다** (値段が安い)	→	값이 **싸요** (値段が安いです)
값이 **오르다** (値段が上がる)	→	값이 **올라요** (値段が上がります)
값이 **내리다** (値段が下がる)	→	값이 **내려요** (値段が下がります)
값을 **매기다** (値をつける)	→	값을 **매겨요** (値をつけます)

歯 이 174

음식을 씹는 데 사용하는 신체 부위.
〈食べ物を噛むときに使う身体部位。〉

「이」は前に他の言葉がつくと「- 니」になります。前歯は「앞니」、糸切り歯は「송곳니」、奥歯は「어금니」、親知らずは「사랑니」と言います。

이를 **닦다** (歯を磨く)	→	이를 **닦아요** (歯を磨きます)
이가 **아프다** (歯が痛い)	→	이가 **아파요** (歯が痛いです)
이가 **썩다** (歯が虫歯になる←歯が腐る)	→	이가 **썩어요** (虫歯になります)
이가 **나다** (歯が生える)	→	이가 **나요** (歯が生えます)
이가 **빠지다** (歯が抜ける)	→	이가 **빠져요** (歯が抜けます)

175 ハサミ 가위

두 개의 날에 끼워 종이, 천, 머리카락 등을 넣고 자르는 도구.
〈2枚の刃で挟んで紙・布・髪の毛などを切る道具。〉

「ジャンケンポン」は「가위 바위 보」と言います。「가위」は「ハサミ」「바위」は「岩」、「보」は「風呂敷」です。

가위로 **자르다** (ハサミで切る)	→	가위로 **잘라요** (ハサミで切ります)
가위로 **끊다** (ハサミで切る)	→	가위로 **끊어요** (ハサミで切ります)
가위로 **오리다** (ハサミで切り抜く)	→	가위로 **오려요** (ハサミで切り抜きます)
가위를 **들다** (ハサミを持つ)	→	가위를 **들어요** (ハサミを持ちます)
가위가 잘 **들다** (ハサミがよく切れる)	→	가위가 잘 **들어요** (ハサミがよく切れます)

橋 다리 176

강 등을 건너갈 수 있게 만든 것.
〈川などを渡るために作ったもの。〉

ソウルの中心を流れる「한강（漢江）」には多くの다리が架けられていますが、いずれも「대교（大橋）」という名前です。

다리를 **건너다** (橋を渡る)	→ 다리를 **건너요** (橋を渡ります)
다리를 **놓다** (橋を架ける)	→ 다리를 **놓아요** (橋を架けます)
다리를 **세우다** (橋を架ける)	→ 다리를 **세워요** (橋を架けます)
다리가 **떠내려가다** (橋が流される)	→ 다리가 **떠내려가요** (橋が流されます)
다리가 **길다** (橋が長い)	→ 다리가 **길어요** (橋が長いです)

1 箸 젓가락
2 スプーン 숟가락

1 음식을 집는 데 쓰는 두 개의 가늘고 작은 막대기.
〈食べ物などを挟むのに使う、2本の細くて小さい棒。〉

2 밥이나 국 등을 떠먹을 때 쓰는 도구.
〈ご飯やスープなどをすくって食べるときに使う道具。〉

> 韓国では「밥(ご飯)」を食べたり、「국(スープ)」を飲んだりするときは「숟가락(スプーン)」を使います。

젓가락을 **들다** (箸を持つ)	→	젓가락을 **들어요** (箸を持ちます)
젓가락을 **놓다** (箸を置く)	→	젓가락을 **놓아요** (箸を置きます)
숟가락으로 **먹다** (スプーンで食べる)	→	숟가락으로 **먹어요** (スプーンで食べます)
숟가락으로 **떠먹다** (スプーンですくって食べる)	→	숟가락으로 **떠먹어요** (スプーンですくって食べます)
숟가락을 **차리다** (スプーンを並べる)	→	숟가락을 **차려요** (スプーンを並べます)

初めて 처음

시간이나 차례의 맨 앞.
〈時間や順番の最初。〉

> 「初めて(の)」の意味を持つ言葉には、「처음」の他に接頭語として使われる「첫」があります。「初日」は「첫날」、「初恋」は「첫사랑」、「ファーストキス」は「첫키스」と言います。

처음 만나다 (初めて会う)	→	처음 만나요 (初めて会います)
처음 배우다 (初めて習う)	→	처음 배워요 (初めて習います)
처음 듣다 (初めて聞く)	→	처음 들어요 (初めて聞きます)
처음 뵙다 (初めてお目にかかる)	→	처음 뵙겠습니다 (初めてお目にかかります)
처음 가다 (初めて行く)	→	처음 가요 (初めて行きます)

179 バス 버스

주로 돈을 받고 정해진 길을 오가며 많은 사람들이 탈 수 있는 대형 승합 자동차.
〈おもにお金をもらって決まった道を行き来しながらたくさんの人を乗せることができる、大型の乗り合い自動車。〉

日本では都心部のバスは主に駅が終点の場合が多いですが、韓国の都市部のバス網は広く張り巡らされており、種類も路線も豊富です。バスは地下鉄ではカバーできない場所へも簡単に行けてしまいます。

버스를 타다 (バスに乗る)	→	버스를 타요 (バスに乗ります)
버스에서 내리다 (バスから降りる)	→	버스에서 내려요 (バスから降ります)
버스를 갈아타다 (バスを乗り換える)	→	버스를 갈아타요 (バスを乗り換えます)
버스로 가다 (バスで行く)	→	버스로 가요 (バスで行きます)
버스를 놓치다 (バスに乗り遅れる)	→	버스를 놓쳤어요 (バスに乗り遅れました)

発音 발음 180

TRACK NO.180

말을 소리로 내는 일. 또는 그 소리.
〈言葉を声にして出すこと。また、その声。〉

いっとき、韓国では韓国人が英語の「l」と「r」の発音ができないのは舌の長さが短いためという都市伝説が広まり、実際、子どもに舌を延ばす手術を施す馬鹿なこともありましたが、近年は下火になりました。

발음이 **좋다** (発音が良い)	→	발음이 **좋아요** (発音が良いです)
발음을 **고치다** (発音を直す)	→	발음을 **고쳐요** (発音を直します)
발음이 **어렵다** (発音が難しい)	→	발음이 **어려워요** (発音が難しいです)
발음을 **하다** (発音をする)	→	발음을 **해요** (発音をします)
발음을 **연습하다** (発音を練習する)	→	발음을 **연습해요** (発音を練習します)

花 꽃

나무나 풀이 열매를 맺기 위해 피는 것.
〈木や草が実を結ぶために咲かせるもの。〉

バラは「장미」、桜は「벚꽃」、菊は「국화（菊花）」、ヒマワリは「해바라기」と言います。

꽃이 **피다** (花が咲く)	→	꽃이 **피어요** (花が咲きます)
꽃이 **지다** (花が散る)	→	꽃이 **져요** (花が散ります)
꽃을 **심다** (花を植える)	→	꽃을 **심어요** (花を植えます)
꽃이 **예쁘다** (花が綺麗だ)	→	꽃이 **예뻐요** (花が綺麗です)
꽃을 **꺾다** (花を折る)	→	꽃을 **꺾어요** (花を折ります)

鼻 코 182

얼굴 가운데 튀어 나온 부분. 숨을 쉬거나 냄새를 맡는 신체 부위.
〈顔の中の突き出た部分。息をしたり、においをかいだりする身体部位。〉

「象」を「코끼리」と言いますが、語源は「코」が長いものということからできた言葉です。

코를 **풀다** (鼻をかむ)	→	코를 **풀어요** (鼻をかみます)
코가 **높다** (鼻が高い)	→	코가 **높아요** (鼻が高いです)
코가 **낮다** (鼻が低い)	→	코가 **낮아요** (鼻が低いです)
코를 **골다** (いびきをかく)	→	코를 **골아요** (いびきをかきます)
코가 **막히다** (鼻が詰まる)	→	코가 **막혀요** (鼻が詰まります)

183 話 이야기

1 주고 받고 하는 말.
〈やり取りする言葉。〉

2 어떤 일에 대해 줄거리가 있는 말이나 글.
〈あることについて筋道のある言葉や文。〉

> 「이야기」は略して「얘기」とも言います。昔話は「옛날이야기」と言います。

이야기를 **듣다** (話を聞く)	→	이야기를 **들어요** (話を聞きます)
이야기가 **재미있다** (話が面白い)	→	이야기가 **재미있어요** (話が面白いです)
이야기를 **꺼내다** (話を持ち出す)	→	이야기를 **꺼내요** (話を持ち出します)
이야기를 주고받다 (語らう)	→	**이야기를 주고받아요** (語らいます)
이야기를 **나누다** (話を交わす)	→	이야기를 **나누어요** (話を交わします)

歯磨き粉 치약 184

이를 닦을 때 칫솔에 묻혀 쓰는 것.
〈歯を磨くとき、歯ブラシにつけて使うもの。〉

「치약」は「歯薬」という漢字語です。ちなみに「靴クリーム」は「구두약(-薬)」、「ヘアカラー」は「염색약(染色薬)」と言います。

치약을 **짜다** (歯磨き粉を絞り出す)	→	치약을 **짜요** (歯磨き粉を絞り出します)
치약을 **바르다** (歯磨き粉を塗る)	→	치약을 **발라요** (歯磨き粉を塗ります)
칫솔에 치약을 **묻히다** (歯ブラシに歯磨き粉をつける)	→	칫솔에 치약을 **묻혀요** (歯ブラシに歯磨き粉をつけます)
치약을 **고르다** (歯磨き粉を選ぶ)	→	치약을 **골라요** (歯磨き粉を選びます)
치약으로 **닦다** (歯磨き粉で磨く)	→	치약으로 **닦아요** (歯磨き粉で磨きます)

春 봄

겨울 다음에 오는 따뜻한 계절.
〈冬の次に来る暖かい季節。〉

> 日本で、春と言えば桜！韓国の春は桜はもちろん、街では「개나리レンギョウ」、山では「진달래朝鮮ツツジ」も咲き乱れます。

봄이 **오다** (春が来る)	→	봄이 **와요** (春が来ます)
봄이 **되다** (春になる)	→	봄이 **돼요** (春になります)
봄은 **따뜻하다** (春は暖かい)	→	봄은 **따뜻해요** (春は暖かいです)
봄은 **나른하다** (春は気だるい)	→	봄은 **나른해요** (春は気だるいです)
봄은 **졸리다** (春は眠い)	→	봄은 **졸려요** (春は眠いです)

パン 빵 186

밀가루 따위를 반죽하여 구운 음식.
〈小麦粉などをこねて、焼いた食べ物。〉

あんパンは「단팥빵」、食パンは「식빵」、あんマンは「찐빵」、メロンパンは「멜론빵」、または「곰보빵」と言います。

빵을 **굽다** (パンを焼く)	→	빵을 **구워요** (パンを焼きます)
빵을 **만들다** (パンを作る)	→	빵을 **만들어요** (パンを作ります)
빵이 **말랑말랑하다** (パンがふかふかだ)	→	빵이 **말랑말랑해요** (パンがふかふかです)
빵이 **맛있다** (パンがおいしい)	→	빵이 **맛있어요** (パンがおいしいです)
빵을 **사다** (パンを買う)	→	빵을 **사요** (パンを買います)

番号 번호

차례를 나타내는 숫자.
〈順番を表す数字。〉

車のナンバープレートは「번호판（番号板）」、暗証番号は「비밀번호（秘密番号）」と言います。

번호를 **바꾸다** (番号を変える)	→	번호를 **바꿔요** (番号を変えます)
번호를 **외우다** (番号を覚える)	→	번호를 **외워요** (番号を覚えます)
번호를 **잊어버리다** (番号を忘れる)	→	번호를 **잊어버려요** (番号を忘れます)
번호를 **정하다** (番号を決める)	→	번호를 **정해요** (番号を決めます)
번호를 **매기다** (番号を打つ)	→	번호를 **매겨요** (番号を打ちます)

火、灯り 불 [プル] 188

1 물질이 높은 온도에서 열과 빛을 내며 타는 현상.
〈物質が高い温度で、光と熱を出して燃える現象。〉

2 전등 따위의 어둠을 밝히는 빛.
〈電灯などの暗さを照らす明かり。〉

韓国語は「火」も「電気（灯り）」も「불」と言います。もちろん「電気」は「전기」とも言います。

불을 **켜다** （電気をつける）	→	불을 **켜요** （電気をつけます）
불을 **끄다** （火（電気）を消す）	→	불을 **꺼요** （火（電気）を消します）
불이 **나다** （火事が起こる）	→	불이 **나요** （火事が起こります）
불을 **붙이다** （火をつける）	→	불을 **붙여요** （火をつけます）
불이 나가다 （停電する＝電気が出ていく）	→	**불이 나갔어요** （停電しています）

189 ピアノ 피아노

건반을 쳐서 소리를 내는 악기.
〈鍵盤を弾いて音を出す楽器。〉

韓国でピアノの練習曲としての定番は「엘리제를 위하여（エリーゼのために）」と「소녀의 기도（乙女の祈り）」です。

피아노를 **치다** (ピアノを弾く)	→	피아노를 **쳐요** (ピアノを弾きます)
피아노를 **배우다** (ピアノを習う)	→	피아노를 **배워요** (ピアノを習います)
피아노를 **고치다** (ピアノを直す)	→	피아노를 **고쳐요** (ピアノを直します)
피아노를 **듣다** (ピアノを聴く)	→	피아노를 **들어요** (ピアノを聴きます)
피아노를 **연주하다** (ピアノを演奏する)	→	피아노를 **연주해요** (ピアノを演奏します)

ビール 맥주 190

맥아와 홉을 발효시켜 만든 술.
〈麦芽とホップを発酵させて作る酒。〉

現在の日本では外来語のビールという呼称が一般的ですが、昔は「麦酒」と言っていました。今では一部の商品名に名残がある程度です。他方、日本の訳語である「麦酒」は韓国で「맥주（麦酒）」として生き続けています。

맥주를 **마시다** （ビールを飲む）	→	맥주를 **마셔요** （ビールを飲みます）
맥주를 **들이켜다** （ビールを飲み干す）	→	맥주를 **들이켜요** （ビールを飲み干します）
맥주를 **좋아하다** （ビールが好きだ）	→	맥주를 **좋아해요** （ビールが好きです）
맥주가 **시원하다** （ビールが冷たい）	→	맥주가 **시원해요** （ビールが冷たいです）
맥주를 **시키다** （ビールを注文する）	→	맥주를 **시켜요** （ビールを注文します）

1 東 동쪽   **2 西 서쪽**
3 南 남쪽   **4 北 북쪽**

1 해가 뜨는 쪽.
〈太陽が昇る方。〉

2 해가 지는 쪽.
〈太陽が沈む方。〉

3 해가 뜨는 쪽을 향하여 오른쪽.
〈太陽が昇る方に向かって右の方。〉

4 해가 뜨는 쪽을 향하여 왼쪽.
〈太陽が昇る方に向かって左の方。〉

> 日本には「東男に京女」という言葉がありますが、韓国には「南男北女（남남북녀）」という言葉があります。昔から朝鮮半島では、北部地方はきれいな女性が多く、南部地方は男前が多いと言われています。

동쪽에서 해가 **뜨다** (東から日が昇る)	→	동쪽에서 해가 **떠요** (東から日が昇ります)
서쪽으로 해가 **지다** (西に日が沈む)	→	서쪽으로 해가 **져요** (西に日が沈みます)
남쪽으로 **이사하다** (南に引っ越す)	→	남쪽으로 **이사해요** (南に引っ越します)
북쪽에서 별이 **뜨다** (北に星が出る)	→	북쪽에서 별이 **떠요** (北に星が出ます)

光 빛 **192**

해, 달, 전등, 불 등과 같이 밝게 비추어 주는 것.
〈太陽、月、電灯、火などのように明るく照らしてくれるもの。〉

> 「빛」の発音は「빋」です。同じ発音をする単語の中には「빗（櫛）」、「빚（借金）」などもあります。

빛이 **나다** (光が出る)	→	빛이 **나요** (光が出ます)
빛을 **내다** (光を出す)	→	빛을 **내요** (光を出します)
빛이 **밝다** (光が明るい)	→	빛이 **밝아요** (光が明るいです)
빛이 **어둡다** (光が暗い)	→	빛이 **어두워요** (光が暗いです)
빛을 **보다** (光を見る)	→	빛을 **봐요** (光を見ます)

193 飛行機 비행기

하늘을 나는 날개가 달린 탈것.
〈空を飛ぶ、翼のついた乗り物。〉

韓国語で「비행기를 태우다 (飛行機に乗せる)」という表現がありますが、これは「おだてる」という意味です。

비행기를 **타다** (飛行機に乗る)	→	비행기를 **타요** (飛行機に乗ります)
비행기를 **내리다** (飛行機を降りる)	→	비행기를 **내려요** (飛行機を降ります)
비행기가 **날다** (飛行機が飛ぶ)	→	비행기가 **날아요** (飛行機が飛びます)
비행기가 **뜨다** (飛行機が離陸する)	→	비행기가 **떠요** (飛行機が離陸します)
비행기가 **착륙하다** (飛行機が着陸する)	→	비행기가 **착륙해요** (飛行機が着陸します)

人 사람 194

말을 할 줄 알고 도구를 쓸 줄 아는 동물.
〈話すことができ、道具が使える動物。〉

韓国では人をよく「든 사람」、「난 사람」、「된 사람」で分けますが、「든 사람」は頭の中に知識が詰まった人、「난 사람」は才能があって出世した人、「된 사람」は人格者で人徳のある人を表します。

사람이 **있다** (人がいる)	→	사람이 **있어요** (人がいます)
사람을 **만나다** (人に会う)	→	사람을 **만나요** (人に会います)
사람을 **믿다** (人を信じる)	→	사람을 **믿어요** (人を信じます)
사람을 **좋아하다** (人が好きだ)	→	사람을 **좋아해요** (人が好きです)
사람이 **좋다** (人柄が良い)	→	사람이 **좋아요** (人柄が良いです)

日にち・日取り 날짜

무엇을 하려고 정한 날.
〈何かをしようと決めた日。〉

韓国でも、結婚式や引っ越し、さらには帝王切開に至るまで、大事な日取りを決めるときに「길일（吉日）」を重視する人は多いです。

날짜를 **잡다** (日にちを決める)	→	날짜를 **잡아요** (日にちを決めます)
날짜를 **정하다** (日取りを決める)	→	날짜를 **정해요** (日取りを決めます)
날짜를 **잊다** (日にちを忘れる)	→	날짜를 **잊어요** (日にちを忘れます)
날짜를 **바꾸다** (日にちを変える)	→	날짜를 **바꿔요** (日にちを変えます)
날짜를 **계산하다** (日にちを計算する)	→	날짜를 **계산해요** (日にちを計算します)

病院 병원

의사가 환자를 치료하는 곳.
〈医者が患者の治療をするところ。〉

> 歯科は「치과」、眼科は「안과」、内科は「내과」、外科は「외과」、成形外科は「성형외과」、耳鼻科は「이비인후과 (耳鼻咽喉科)」と言います。

병원에 **가다** (病院に行く)	→	병원에 **가요** (病院に行きます)
병원에 **다니다** (病院に通う)	→	병원에 **다녀요** (病院に通います)
병원의 **신세를 지다** (病院の世話になる)	→	병원의 **신세를 져요** (病院の世話になります)
병원에 **실려 가다** (病院に運ばれる)	→	병원에 **실려 갔어요** (病院に運ばれました)
병원에 **입원하다** (病院に入院する)	→	병원에 **입원해요** (病院に入院します)

197 病気 병

사람, 동물, 식물 등의 건강이 나빠진 상태.
〈人、動物、植物などの健康が悪くなる状態。〉

> 韓国には「고3병(高3病)」ということばがありますが、大学受験を控えた高校3年生が、過度の精神的ストレスによって、病気にかかることを言います。受験生の3割がかかっているといわれるこの病気は、頭痛、脱毛、肥満、消化不良、便秘、鼻炎、肩こりなどの症状を伴うと言われています。

병에 **걸리다** (病気にかかる)	→	병에 **걸려요** (病気にかかります)
병이 **낫다** (病気が治る)	→	병이 **나아요** (病気が治ります)
병을 **고치다** (病気を治す)	→	병을 **고쳐요** (病気を治します)
병이 **나다** (病気になる)	→	병이 **나요** (病気になります)
병을 **앓다** (病気を患う)	→	병을 **앓아요** (病気を患います)

1 昼 낮
2 夜 밤

198

1 해가 떠서 질 때까지의 시간.
〈日が昇って沈むまでの時間。〉

2 해가 져서 뜰 때까지의 시간.
〈日が沈んで昇るまでの時間。〉

「真昼」は「한낮」「대낮」、「真夜中」は「한밤」と言います。

낮이 **길다** (昼が長い)	→	낮이 **길어요** (昼が長いです)
낮이 **짧다** (昼が短い)	→	낮이 **짧아요** (昼が短いです)
낮에는 **덥다** (昼は暑い)	→	낮에는 **더워요** (昼は暑いです)
밤에 **자다** (夜に寝る)	→	밤에 **자요** (夜に寝ます)
밤을 **새다** (夜を明かす)	→	밤을 **새요** (夜を明かします)

夫婦 부부

결혼해서 같이 가정을 이루며 사는 남편과 아내.
〈結婚して共に家庭を築いている夫と妻。〉

韓国には、日本語での「夫婦喧嘩は犬も食わぬ」にあたる「부부싸움은 칼로 물 베기 (夫婦喧嘩は包丁で水を切ること)」ということわざがあります。

부부가 행복하다 (夫婦が幸せだ)	→	부부가 행복해요 (夫婦が幸せです)
부부가 싸우다 (夫婦がケンカする)	→	부부가 싸워요 (夫婦がケンカします)
부부가 친하다 (夫婦が仲睦まじい)	→	부부가 친해요 (夫婦が仲睦まじいです)
부부가 되다 (夫婦になる)	→	부부가 돼요 (夫婦になります)
부부가 헤어지다 (夫婦が別れる)	→	부부가 헤어졌어요 (夫婦が別れました)

服 옷 200

몸을 가리거나 추위를 막기 위해 입는 것.
〈体を隠したり、寒さをしのいだりするために着るもの。〉

韓国では、上着をはじめ、スカートやズボンなどの옷も「입다（着る）」と言います。

옷을 **입다** (服を着る)	→	옷을 **입어요** (服を着ます)
옷을 **벗다** (服を脱ぐ)	→	옷을 **벗어요** (服を脱ぎます)
옷이 **맞다** (服が合う)	→	옷이 **맞아요** (服が合います)
옷을 **빨다** (服を洗う)	→	옷을 **빨아요** (服を洗います)
옷을 **다리다** (服にアイロンをかける)	→	옷을 **다려요** (服にアイロンをかけます)

豚 돼지

멧돼지를 개량한 가축.
〈イノシシを改良した家畜。〉

돼지の鳴き声は「꿀꿀」です。韓国では「欲深くて鈍い人」や「太っている人」のあだ名としてもよく使われます。

돼지를 **키우다** (豚を飼育する)	→	돼지를 **키워요** (豚を飼育します)
돼지를 **기르다** (豚を飼育する)	→	돼지를 **길러요** (豚を飼育します)
돼지를 **잡다** (豚を捕まえる)	→	돼지를 **잡아요** (豚を捕まえます)
돼지가 새끼를 **낳다** (豚が赤ちゃんを産む)	→	돼지가 새끼를 **낳아요** (豚が赤ちゃんを産みます)
돼지가 **울다** (豚が鳴く)	→	돼지가 **울어요** (豚が鳴きます)

船 배 202

사람이나 짐을 싣고 물 위에 떠다니는 탈것.
〈人や荷物を載せて水の上を進む乗り物。〉

韓国語にも同音異義語が多く、「船」も「お腹」も「梨」も「배」と言います。

배를 타다 (船に乗る)	→	배를 타요 (船に乗ります)
배에서 내리다 (船から降りる)	→	배에서 내려요 (船から降ります)
배를 만들다 (船を造る)	→	배를 만들어요 (船を造ります)
배가 가라앉다 (船が沈む)	→	배가 가라앉았어요 (船が沈みました)
배가 다니다 (船が通る)	→	배가 다녀요 (船が通ります)

TRACK NO.202

冬 겨울

가을 다음에 오는 추운 계절.
〈秋の次に来る寒い季節。〉

韓国人が「겨울」という言葉を聞くと、「첫눈 (初雪)」、「눈사람 (雪だるま)」、「눈싸움 (雪合戦)」、「군밤 (焼き栗)」、「군고구마 (焼き芋)」などを連想します。

겨울은 **춥다** (冬は寒い)	→	겨울은 **추워요** (冬は寒いです)
겨울이 **오다** (冬が来る)	→	겨울이 **와요** (冬が来ます)
겨울을 **지내다** (冬を過ごす)	→	겨울을 **지내요** (冬を過ごします)
겨울을 **나다** (冬を過ごす)	→	겨울을 **나요** (冬を過ごします)
겨울이 **길다** (冬が長い)	→	겨울이 **길어요** (冬が長いです)

プレゼント、贈り物 선물 204

축하나 보답의 뜻으로 주고받는 물건.
〈お祝いやお礼の意味でやり取りするもの。〉

韓国でもいろんな場面でプレゼントをします。「생일 선물 (誕生日プレゼント)」「결혼 선물 (結婚プレゼント)」「졸업 선물 (卒業プレゼント)」などなど。また、付き合って100日目には100本のバラをプレゼントする「백일 선물」は韓国ならではの風習でしょう。

선물을 **사다** (プレゼントを買う)	→	선물을 **사요** (プレゼントを買います)
선물을 **주다** (プレゼントをする)	→	선물을 **줘요** (プレゼントをします)
선물을 **하다** (プレゼントをする)	→	선물을 **해요** (プレゼントをします)
선물을 **받다** (プレゼントをもらう)	→	선물을 **받았어요** (プレゼントをもらいました)
선물을 **준비하다** (プレゼントを準備する)	→	선물을 **준비해요** (プレゼントを準備します)

文、文字 글

생각이나 감정을 글자로 써서 표현한 것. 또는 글자.
〈考えや感情を文字で書いて表現したもの。また、その文字。〉

小説は「소설」、詩は「시」、エッセイは「수필（随筆）」、日記は「일기」と言います。特に韓国では詩が人気で、詩集がベストセラーになることも多いです。

글을 **쓰다** (文章を書く)	→	글을 **써요** (文章を書きます)
글을 **고치다** (文章を直す)	→	글을 **고쳐요** (文章を直します)
글을 **읽다** (文章を読む)	→	글을 **읽어요** (文章を読みます)
글을 **배우다** (文字を習う)	→	글을 **배워요** (文字を習います)
글을 **익히다** (文字を覚える)	→	글을 **익혀요** (文字を覚えます)

ベッド 침대 206

누워 잘 때 사용하는 가구.
〈横になって寝るときに使う家具。〉

日本語は「ベッド」と外来語を使っていますが、韓国では一般的に「침대(寝台)」という漢字語を使います。

침대에 **눕다** (ベッドに横になる)	→	침대에 **누워요** (ベッドに横になります)
침대에서 **자다** (ベッドで寝る)	→	침대에서 **자요** (ベッドで寝ます)
침대가 **푹신하다** (ベッドがふかふかだ)	→	침대가 **푹신해요** (ベッドがふかふかです)
침대가 **넓다** (ベッドが広い)	→	침대가 **넓어요** (ベッドが広いです)
침대가 **좁다** (ベッドが狭い)	→	침대가 **좁아요** (ベッドが狭いです)

部屋 방 バン

사람이 생활을 하는 집 안의 공간.
〈人が生活をする家の中の空間。〉

> 방は部屋ですが、「お店」の意味として使われる場合も多いです。カラオケは「노래방」、コインランドリーは「빨래방」、本屋は「책방」、美容院は「머리방」、ネットカフェは「피시방」と言います。

방에 **들어가다** (部屋に入る)	→	방에 **들어가요** (部屋に入ります)
방에서 **자다** (部屋で寝る)	→	방에서 **자요** (部屋で寝ます)
방을 **청소하다** (部屋を掃除する)	→	방을 **청소해요** (部屋を掃除します)
방을 **정리하다** (部屋を整理する)	→	방을 **정리해요** (部屋を整理します)
방을 **치우다** (部屋を片づける)	→	방을 **치워요** (部屋を片づけます)

勉強 공부 208

학문이나 지식, 기술 등을 익히기 위해 노력하는 일.
〈学問や知識、技などを身につけるために努力すること。〉

日中韓の三国の間には、同じ字面の漢字語でも意味が違う場合があります。韓国語の「공부（工夫）」は「勉強」の意味で、中国語の「工夫（gōngfu）」には手間、努力という意味もあります。

공부를 하다 (勉強をする)	→	공부를 해요 (勉強をします)
공부를 시작하다 (勉強を始める)	→	공부를 시작해요 (勉強を始めます)
공부를 마치다 (勉強を終える)	→	공부를 마쳐요 (勉強を終えます)
공부가 힘들다 (勉強が大変だ)	→	공부가 힘들어요 (勉強が大変です)
공부를 잘하다 (勉強が得意だ)	→	공부를 잘해요 (勉強が得意です)

弁当 도시락

밖에서 먹기 위해서 가져가는 음식.
〈外で食べるために持って行く食べ物。〉

一昔前の弁当の「반찬（飯饌（おかず））」の定番は「오징어채무침（裂きイカ和え）」、「콩자반（黒豆の醤油炒め）」、「멸치볶음（にぼし炒め）」でした。

도시락을 **먹다** （弁当を食べる）	→	도시락을 **먹어요** （弁当を食べます）
도시락을 **싸다** （弁当を作る）	→	도시락을 **싸요** （弁当を作ります）
도시락을 **들고 가다** （弁当を持って行く）	→	도시락을 **들고 가요** （弁当を持って行きます）
도시락이 **맛있다** （弁当がおいしい）	→	도시락이 **맛있어요** （弁当がおいしいです）
도시락을 **사다** （弁当を買う）	→	도시락을 **사요** （弁当を買います）

帽子 모자 210

더위나 추위를 피하거나 멋을 내기 위해 머리에 쓰는 물건.
〈暑さや寒さを防いだり、オシャレをしたりするため頭にかぶるもの。〉

> 모자를 쓰는 것을 「쓰다」と言いますが、他にも「眼鏡をかける」も「안경을 쓰다」という表現を使います。「帽子を取る」、「眼鏡を外す」は「모자를 벗다」「안경을 벗다」という具合に「벗다（脱ぐ）」という表現を使います。

모자를 **쓰다** (帽子を かぶる)	→	모자를 **써요** (帽子を かぶります)
모자를 **벗다** (帽子を 脱ぐ)	→	모자를 **벗어요** (帽子を 脱ぎます)
모자를 **고르다** (帽子を 選ぶ)	→	모자를 **골라요** (帽子を 選びます)
모자가 **멋있다** (帽子が 素敵だ)	→	모자가 **멋있어요** (帽子が 素敵です)
모자가 잘 **어울리다** (帽子が よく 似合う)	→	모자가 잘 **어울려요** (帽子が よく 似合います)

放送 방송

전파 등을 사용하여 텔레비전이나 라디오 등의 프로그램을 보내는 것.
〈電波などを使って、テレビやラジオなどの番組を送り出すこと。〉

女子大生のいちばんの憧れの職業は「앵커우먼」です。「앵커우먼」とは「アンカーウーマン」、つまり「女性キャスター」のことです。ちなみに、「男性キャスター」は「앵커」と言います。

방송을 하다 (放送をする)	→	방송을 해요 (放送をします)
방송에서 보다 (放送で見る)	→	방송에서 봐요 (放送で見ます)
방송을 듣다 (放送を聞く)	→	방송을 들어요 (放送を聞きます)
방송에 나오다 (放送に出る)	→	방송에 나와요 (放送に出ます)
방송을 타다 (放送で紹介される)	→	방송을 탔어요 (放送で紹介されました)

ボール コン 공

212

운동이나 놀이 등에서 쓰는 둥근 물건.
〈スポーツや遊びなどで使う丸いもの。〉

「공」はボールのことですが、「공이 넘어가다（ボールが渡される）」という表現は「バトンが渡される」という意味で使われます。

공을 **던지다** （ボールを投げる）	→	공을 **던져요** （ボールを投げます）
공을 **받다** （ボールをキャッチする）	→	공을 **받아요** （ボールをキャッチします）
공에 바람을 **넣다** （ボールに空気を入れる）	→	공에 바람을 **넣어요** （ボールに空気を入れます）
공이 **터지다** （ボールが破裂する）	→	공이 **터졌어요** （ボールが破裂しました）
공을 **차다** （ボールを蹴る）	→	공을 **차요** （ボールを蹴ります）

星 별

밤하늘에 반짝반짝 빛나는 천체.
〈夜空に、きらきらと光る天体。〉

固有語の星の名前は少ない方ですが、「샛별 (明けの明星)」、「별똥별 (流れ星)」、「미리내 (天の川)」、「살별 (彗星)」などがあります。

별이 **빛나다** (星が輝く)	→	별이 **빛나요** (星が輝きます)
별이 **비추다** (星が照らす)	→	별이 **비춰요** (星が照らします)
별이 **반짝이다** (星が瞬く)	→	별이 **반짝여요** (星が瞬きます)
별이 **나오다** (星が出る)	→	별이 **나와요** (星が出ます)
별이 **밝다** (星が明るい)	→	별이 **밝아요** (星が明るいです)

ホテル 호텔 214

규모가 큰 서양식 여관.
〈規模の大きい西洋式旅館。〉

韓国では、ホテルより安い宿として「모텔」というのがあります。これは「モーテル」ではなく、素泊まりのビジネスホテル、または、旅館のようなものです。

호텔에 **묵다** (ホテルに泊まる)	→	호텔에 **묵어요** (ホテルに泊まります)
호텔을 **예약하다** (ホテルを予約する)	→	호텔을 **예약했어요** (ホテルを予約しました)
호텔을 **찾다** (ホテルを探す)	→	호텔을 **찾아요** (ホテルを探します)
호텔에 **체크인하다** (ホテルにチェックインする)	→	호텔에 **체크인해요** (ホテルにチェックインします)
호텔이 **크다** (ホテルが大きい)	→	호텔이 **커요** (ホテルが大きいです)

本 책
チェク

문장 등이 쓰여 있는 종이를 하나로 묶어 철한 것.
〈文章などが印刷された紙を一つにまとめて綴じたもの。〉

「책」は「冊」という漢字語です。本屋は「책방 (冊房)」、机は「책상 (冊床)」、本棚は「책꽂이」と言います。

책을 **보다** (本を読む)	→	책을 **봐요** (本を読みます)
책을 **읽다** (本を読む)	→	책을 **읽어요** (本を読みます)
책을 **펴다** (本を開く)	→	책을 **펴요** (本を開きます)
책을 **덮다** (本を閉じる)	→	책을 **덮어요** (本を閉じます)
책을 **빌리다** (本を借りる)	→	책을 **빌려요** (本を借ります)

毎日 매일 216

하루하루의 모든 날.
〈一日一日のすべての日。〉

韓国の恋人同士は매일매일会ったり、連絡し合ったりします。
頻度は日本の平均よりずっと高い方です。

매일 **만나다** (毎日会う)	→	매일 **만나요** (毎日会います)
매일 밥을 **먹다** (毎日ご飯を食べる)	→	매일 밥을 **먹어요** (毎日ご飯を食べます)
매일 **공부하다** (毎日勉強する)	→	매일 **공부해요** (毎日勉強します)
매일 일찍 **일어나다** (毎日早く起きる)	→	매일 일찍 **일어나요** (毎日早く起きます)
매일 일기를 **쓰다** (毎日日記をつける)	→	매일 일기를 **써요** (毎日日記をつけます)

217 1 前 앞 2 後ろ 뒤

1 향하고 있는 쪽.
〈向かっている方。〉

2 무엇의 앞의 반대쪽.
〈何かの前の反対側。〉

> 朝鮮半島で理想とする宅地は「배산임수（背山臨水）」の地です。朝鮮半島は山が多く、南側の山を「앞산（前の山）」と呼ぶことが多いです。

앞으로 나가다 (前に出る)	→	앞으로 나가요 (前に出ます)
앞을 내다보다 (先を見越す)	→	앞을 내다봐요 (先を見越します)
뒤에 서다 (後ろに立つ)	→	뒤에 서요 (後ろに立ちます)
뒤로 가다 (後ろに行く)	→	뒤로 가요 (後ろに行きます)
뒤를 따라가다 (後ろについて行く)	→	뒤를 따라가요 (後ろについて行きます)

窓 창문 218

공기나 빛이 통하도록 벽이나 지붕에 만들어 놓은 문.
〈風や光を通すために、壁や屋根に作っておいた門。〉

「窓」は「창 (窓)」、または「창문 (窓門)」と言いますが、話し言葉ではおもに「창문 (窓門)」を使います。

창문을 **열다** (窓を開ける)	→	창문을 **열어요** (窓を開けます)
창문을 **닫다** (窓を閉じる)	→	창문을 **닫아요** (窓を閉じます)
창문을 **달다** (窓をつける)	→	창문을 **달아요** (窓をつけます)
창문을 **닦다** (窓を拭く)	→	창문을 **닦아요** (窓を拭きます)
창문이 **많다** (窓が多い)	→	창문이 **많아요** (窓が多いです)

マンション 아파트

높고 큰 건물 안에 여러 가구가 독립하여 살 수 있게 지은 건물.

〈高く大きな建物の中に、いろんな世帯が独立して住めるように建てられた建物。〉

「아파트」は日本語の「アパート」とは違って、鉄筋コンクリートの「マンション」のことを指します。

아파트가 **높다** (マンションが高い(家賃ではなくサイズ))	→	아파트가 **높아요** (マンションが高いです)
아파트가 **비싸다** (マンションが高い)	→	아파트가 **비싸요** (マンションが高いです)
아파트에 **살다** (マンションに住んでいる)	→	아파트에 **살아요** (マンションに住んでいます)
아파트는 **편리하다** (マンションは便利だ)	→	아파트는 **편리해요** (マンションは便利です)
아파트가 **넓다** (マンションが広い)	→	아파트가 **넓어요** (マンションが広いです)

1 右 오른쪽 2 左 왼쪽

1 동쪽을 보고 있을 때 남쪽과 같은 쪽.
〈東を向いたとき、南にあたる方。〉

2 동쪽을 보고 있을 때 북쪽과 같은 쪽.
〈東を向いたとき、北にあたる方。〉

> 「오른쪽 (右側)」を「바른쪽」、「오른손 (右手)」を「바른손」とも言います。ここで「바른」というのは「正しい」という意味です。

오른쪽으로 **가다** (右に行く)	→	오른쪽으로 **가요** (右に行きます)
오른쪽으로 **돌다** (右に曲がる)	→	오른쪽으로 **돌아요** (右に曲がります)
왼쪽으로 **다니다** (左側を行き来する)	→	왼쪽으로 **다녀요** (左側を行き来します)
왼쪽에 **있다** (左にある)	→	왼쪽에 **있어요** (左にあります)
왼쪽으로 **기울다** (左に傾く)	→	왼쪽으로 **기울었어요** (左に傾きました)

221 水 물 [ムル]

마시거나 씻을 때 쓰는 맑은 액체.
〈飲んだり洗ったりするときに使う澄んだ液体。〉

日本語は温度によって「水」と「お湯」を分けますが、韓国語は「水」は「물」、「お湯」は「더운물」と言います。

물을 마시다 (水を飲む)	→	물을 마셔요 (水を飲みます)
물을 붓다 (水を注ぐ)	→	물을 부어요 (水を注ぎます)
물을 뿌리다 (水を撒く)	→	물을 뿌려요 (水を撒きます)
물에 젖다 (水に濡れる)	→	물에 젖었어요 (水に濡れました)
물을 끓이다 (水を沸かす)	→	물을 끓여요 (水を沸かします)

店 가게 222

물건을 진열하여 파는 곳.
〈品物を陳列して売っているところ。〉

「가게」は「お店」という意味ですが、おもに「品物を売るところ」を指します。他方、「飲食店」などは「불고기집」、「갈비집」、「술집」などのように「집」という表現を使うことが多いです。

가게를 **열다** (店を開く)	→	가게를 **열어요** (店を開きます)
가게를 **닫다** (店を閉める)	→	가게를 **닫아요** (店を閉めます)
가게에 **들르다** (店に寄る)	→	가게에 **들러요** (店に寄ります)
가게에서 **사다** (店で買う)	→	가게에서 **사요** (店で買います)
가게에서 **팔다** (店で売る)	→	가게에서 **팔아요** (店で売ります)

道 길
キル

사람이나 차 등이 오가게 만든 곳.
〈人や車が行き来するように作ったところ。〉

「大通り」は「큰길」、「한길」、路地は「골목길」、細道（小道）は「오솔길」と言います。

길을 묻다 (道を尋ねる)	→	길을 물어요 (道を尋ねます)
길을 걷다 (道を歩く)	→	길을 걸어요 (道を歩きます)
길을 잃어버리다 (道に迷う)	→	길을 잃어버렸어요 (道に迷っています)
길이 밀리다 (道が混む)	→	길이 밀려요 (道が混みます)
길을 찾다 (道を探す)	→	길을 찾았어요 (道を探しました)

1 息子 아들　2 娘 딸

1 자식 중의 남자 쪽.
〈子どもの中の男の方。〉

2 자식 중의 여자 쪽.
〈子どもの中の女の方。〉

韓国語の「자식 (子息)」は「아들 (息子)」や「딸 (娘)」を表すことばです。

아들이 **있다** (息子がいる)	→	아들이 **있어요** (息子がいます)
아들을 **낳다** (息子を産む)	→	아들을 **낳아요** (息子を産みます)
아들을 **원하다** (息子を望む)	→	아들을 **원해요** (息子を望みます)
딸이 **귀엽다** (娘が可愛い)	→	딸이 **귀여워요** (娘が可愛いです)
딸이 **태어나다** (娘が生まれる)	→	딸이 **태어나요** (娘が生まれます)

225 胸 가슴

목과 배 사이에 있는 몸의 앞부분.
〈首と腹の間にある体の前の部分。〉

韓国でも「뜨거운 가슴 차가운 머리 (熱い胸と冷たい頭)」という表現がよく使われています。つまり、物事に当たるときは、熱い情熱と冷静な判断が求められるということです。

가슴이 **아프다** (胸が痛い)	→	가슴이 **아파요** (胸が痛いです)
가슴이 **뛰다** (胸が躍る)	→	가슴이 **뛰어요** (胸が躍ります)
가슴을 **열다** (心を開く)	→	가슴을 **열어요** (心を開きます)
가슴이 **두근거리다** (胸がドキドキする)	→	가슴이 **두근거려요** (胸がドキドキします)
가슴이 **설레다** (胸が騒ぐ)	→	가슴이 **설레요** (胸が騒ぎます)

目 눈 226

얼굴에 있는 사물을 보는 신체 부위.
〈顔にある、ものを見る身体部位。〉

瞳は「눈동자」、二重瞼は「쌍꺼풀」、眉は「눈썹」、まつ毛は「속눈썹」と言います

눈을 **감다** (目を閉じる)	→	눈을 **감아요** (目を閉じます)
눈을 **뜨다** (目を開ける)	→	눈을 **떠요** (目を開けます)
눈이 **크다** (目が大きい)	→	눈이 **커요** (目が大きいです)
눈이 **좋다** (目が良い)	→	눈이 **좋아요** (目が良いです)
눈이 **나쁘다** (目が悪い)	→	눈이 **나빠요** (目が悪いです)

227 メール 메일

컴퓨터를 이용해 주고받는 편지.
〈パソコンを利用してやり取りする手紙。〉

韓国ではメールアドレスの@マークを「골뱅이」と言います。
「골뱅이」とは「巻き貝」という意味です。

메일을 **쓰다** (メールを書く)	→	메일을 **써요** (メールを書きます)
메일을 **보내다** (メールを送信する)	→	메일을 **보내요** (メールを送信します)
메일을 **받다** (メールを受信する)	→	메일을 **받아요** (メールを受信します)
메일을 **주고받다** (メールをやり取りする)	→	메일을 **주고받아요** (メールをやり取りします)
메일을 **하다** (メールをする)	→	메일을 **해요** (メールをします)

メガネ 안경　228

 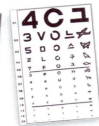 

잘 보이게 하거나 강한 광선을 피하기 위해 쓰는 기구.
〈よく見えるようにしたり、強い光線を避けたりするために使う器具。〉

韓国の視力検査表は数字、ローマ字、ハングル、絵柄、そして符号などでできています。特にCなどは、日本では右、左など空いてところを口で答えますが、韓国では手で空いているところを指します。

안경을 **쓰다** (メガネをかける)	→	안경을 **써요** (メガネをかけます)
안경을 **끼다** (メガネをかける)	→	안경을 **껴요** (メガネをかけます)
안경을 **벗다** (メガネを外す)	→	안경을 **벗어요** (メガネを外します)
안경을 **닦다** (メガネを拭く)	→	안경을 **닦아요** (メガネを拭きます)
안경을 **맞추다** (メガネをしつらえる)	→	안경을 **맞춰요** (メガネをしつらえます)

229 門 ムン 문

안과 밖으로 드나들 수 있게 만든 시설.
〈内と外を出入りできるように作ってある施設。〉

韓国では、門扉のことを「대문（大門）」と言います。

문을 **열다** (門を開く)	→	문을 **열어요** (門を開きます)
문을 **닫다** (門を閉じる)	→	문을 **닫아요** (門を閉じます)
문이 **열리다** (門が開かれる)	→	문이 **열려요** (門が開かれます)
문이 **닫히다** (門が閉まる)	→	문이 **닫혀요** (門が閉まります)
문으로 **나가다** (門から出る)	→	문으로 **나가요** (門から出ます)

餅 ット떡　230

쌀가루 등으로 반죽을 해서 찐 음식.
〈米の粉などをこねて蒸した食べ物。〉

韓国では「설날（お正月）」は「가래떡（白い棒状の餅）」、「추석（旧盆）」は「송편（松の葉を散らして蒸したお餅）」、「돌（満1歳の誕生日）」は「백설기（米粉で作った白いお餅）」「수수팥떡（団子型のあずきのお餅）」を食べます。

떡을 **찌다** (餅を蒸す)	→	떡을 **쪄요** (餅を蒸します)
떡을 **만들다** (餅を作る)	→	떡을 **만들어요** (餅を作ります)
떡을 **하다** (餅を作る)	→	떡을 **해요** (餅を作ります)
떡이 **달다** (餅が甘い)	→	떡이 **달아요** (餅が甘いです)
떡을 **돌리다** (餅を配る)	→	떡을 **돌려요** (餅を配ります)

231 問題 문제

1 공부할 때 답을 내게 하는 물음.
〈勉強のとき、答えを出させるために訊く問い。〉

2 해결해야 하는 일이나 해결하기 어려운 일.
〈解決しなければいけないことや、解決しにくいこと。〉

> 答えは「답（答）」と言います。なお、返事は「대답（対答）」、メールや手紙の返事は「답장（答状）」と言います。

문제를 **내다** (問題を出す)	→	문제를 **내요** (問題を出します)
문제를 **풀다** (問題を解く)	→	문제를 **풀어요** (問題を解きます)
문제가 **어렵다** (問題が難しい)	→	문제가 **어려워요** (問題が難しいです)
문제가 **쉽다** (問題が簡単だ)	→	문제가 **쉬워요** (問題が簡単です)
문제가 **많다** (問題が多い)	→	문제가 **많아요** (問題が多いです)

野球 야구 232

두 팀으로 나뉘어 상대 투수가 던진 공을 방망이로 쳐서 득점을 겨루는 경기.
〈2チームに分かれて、相手投手の投げる球をバットで打って得点を争う競技。〉

野球で「表」は「초（初）」、「裏」は「말（末）」と言います。なお、韓国のプロ野球は1リーグ制で、1982年からスタートしました。現在は10の球団があります。

야구를 하다 (野球をする)	→	야구를 해요 (野球をします)
야구를 즐기다 (野球を楽しむ)	→	야구를 즐겨요 (野球を楽しみます)
야구를 연습하다 (野球を練習する)	→	야구를 연습해요 (野球を練習します)
야구를 좋아하다 (野球が好きだ)	→	야구를 좋아해요 (野球が好きです)
야구를 응원하다 (野球を応援する)	→	야구를 응원해요 (野球を応援します)

233 約束(ヤクソク) 약속

상대와 어떤 일을 하기로 하고 시간이나 장소 등을 정하는 것.
〈相手の人と、あることをすることにし、時間や場所などを決めること。〉

韓国の指切りは日本とちょっと違います。まず、小指を絡めたまま、親指をくっつけて「도장！（はんこ！）」、そのあと、指をほどいて、手のひらの下の部分を合わせてから、手のひらをつけたまま、お互いに引いて「카피！（コピー！）」。更に最近では、「コピー」したあと、手のひらに指でサインの真似をすることもあります。

약속을 **하다** (約束をする)	→	약속을 **해요** (約束をします)
약속을 **지키다** (約束を守る)	→	약속을 **지켜요** (約束を守ります)
약속을 **어기다** (約束を破る)	→	약속을 **어겨요** (約束を破ります)
약속을 **잊어버리다** (約束を忘れてしまう)	→	약속을 **잊어버렸어요** (約束を忘れてしまいました)
약속을 **미루다** (約束を先延ばしにする)	→	약속을 **미루어요** (約束を先延ばしにします)

山 산 234

땅이 다른 곳보다 높이 솟아 있는 곳.
〈土地が他のところより高く盛り上がっているところ。〉

日本語には「山（サン）」という漢字語と「山（やま）」という和語が使われていますが、韓国語に昔は「山」にあたる「메」という固有語があり、「멧돼지（イノシシ）」などわずかに名残はありますが、現在は死語になってしまい、もっぱら漢字語の「산」だけが使われています。

산에 **올라가다** （山に登る）	→	산에 **올라가요** （山に登ります）
산에서 **내려오다** （山から下りる）	→	산에서 **내려와요** （山から下ります）
산에 **다니다** （山に通う）	→	산에 **다녀요** （山に通います）
산을 **좋아하다** （山が好きだ）	→	산을 **좋아해요** （山が好きです）
산에서 **쉬다** （山で休む）	→	산에서 **쉬어요** （山で休みます）

235 雪 눈

공기 중의 물기가 얼어 땅에 떨어지는 하얀 작은 얼음 조각.
〈空気の中の水分が冷え、地面に落ちる白くて小さい氷の結晶。〉

「첫눈(初雪)」が降ると恋人同士が連絡し合ったり、会ったりすることが多いです。「첫눈(初雪)」で連想される言葉のランキングでは「데이트(デート)」が上位にあります。

눈이 **오다** (雪が降る)	→	눈이 **와요** (雪が降ります)
눈이 **내리다** (雪が降る)	→	눈이 **내려요** (雪が降ります)
눈이 **그치다** (雪が止む)	→	눈이 **그쳐요** (雪が止みます)
눈이 **쌓이다** (雪が積もる)	→	눈이 **쌓여요** (雪が積もります)
눈을 **치우다** (雪をかく)	→	눈을 **치워요** (雪をかきます)

夢 꿈 236

자면서 여러가지 사물을 보는 것.
〈眠っているときに、いろいろなものを見ること。〉

韓国にも夢占いがあり、良い夢を「길몽（吉夢）」、悪い夢を「흉몽（凶夢）」と言います。夢の中に豚が出てくることは特に縁起が良いとされています。また、夢には日本語と同じく将来への願望という意味もあります。

꿈을 **꾸다** （夢を見る）	→	꿈을 **꿔요** （夢を見ます）
꿈에서 **깨다** （夢から覚める）	→	꿈에서 **깨요** （夢から覚めます）
꿈이 **깨지다** （夢が破れる）	→	꿈이 **깨져요** （夢が破れます）
꿈을 **키우다** （夢を育む）	→	꿈을 **키워요** （夢を育みます）
꿈을 **이루다** （夢を叶える）	→	꿈을 **이루어요** （夢を叶えます）

237 曜日 ヨイル

〈曜日の名前〉

日曜日	月曜日	火曜日	水曜日	木曜日	金曜日	土曜日
일요일	**월요일**	**화요일**	**수요일**	**목요일**	**금요일**	**토요일**
イリヨイル	ウォリョイル	ファヨイル	スヨイル	モギョイル	クミョイル	トヨイル

横、隣 옆 238

어떤 곳의 곁.
〈あるところのそば。〉

「お隣」は「이웃집」と言います。また、「両隣」は「옆집」、「向かいの家」は「앞집」、「裏の家」は「뒷집」と言います

옆에 **두다** (横に置く)	→	옆에 **둬요** (横に置きます)
옆에 **있다** (横にいる)	→	옆에 **있어요** (横にいます)
옆으로 **가다** (横に行く)	→	옆으로 **가요** (横に行きます)
옆에 **살다** (隣に住む)	→	옆에 **살아요** (隣に住みます)
옆에 **앉다** (隣に座る)	→	옆에 **앉아요** (隣に座ります)

239 ラーメン 라면

기름에 튀겨서 말린 국수.
〈油で揚げて干した麺。〉

韓国人の一人当たりのラーメンの消費量は世界一と言われています。また、生ラーメンよりはインスタントラーメンが人気です。

라면을 **끓이다** (ラーメンを作る)	→	라면을 **끓여요** (ラーメンを作ります)
라면이 **퍼지다** (ラーメンが伸びる)	→	라면이 **퍼져요** (ラーメンが伸びます)
라면이 **맵다** (ラーメンが辛い)	→	라면이 **매워요** (ラーメンが辛いです)
라면으로 **때우다** (ラーメンで済ませる)	→	라면으로 **때워요** (ラーメンで済ませます)
라면을 **좋아하다** (ラーメンが好きだ)	→	라면을 **좋아해요** (ラーメンが好きです)

ラジオ 라디오 240

전파로 방송을 들려 주는 장치.
〈電波で放送を聞かせる装置。〉

韓国では、街を走るバスやタクシーの中はラジオが大音量でかけられていることが多いです。

라디오를 **켜다** （ラジオをつける）	→	라디오를 **켜요** （ラジオをつけます）
라디오를 **틀다** （ラジオをつける）	→	라디오를 **틀어요** （ラジオをつけます）
라디오를 **듣다** （ラジオを聴く）	→	라디오를 **들어요** （ラジオを聴きます）
라디오를 **끄다** （ラジオを切る）	→	라디오를 **꺼요** （ラジオを切ります）
라디오에 **나오다** （ラジオに出る）	→	라디오에 **나와요** （ラジオに出ます）

241 両親、父母 부모

아버지와 어머니.
〈父と母。〉

> 韓国では親子の絆が強く、親と別居している場合、実家を訪れる回数が年間30回くらいで、5月8日の「어버이날（両親の日）」、「부모님 생일（両親の誕生日）」、「제사（祭祀：法事）」やお正月や旧盆などのタイミングは欠かせません。

부모를 만나다 （両親に会う） →	부모를 만나요 （両親に会います）
부모를 소개하다 （両親を紹介する） →	부모를 소개해요 （両親を紹介します）
부모를 잃다 （両親を亡くす） →	부모를 잃었어요 （両親を亡くしました）
부모를 따르다 （両親に従う） →	부모를 따라요 （両親に従います）
부모를 모시다 （両親の面倒を見る） →	부모를 모셔요 （両親の面倒を見ます）

料理 요리 242

여러 조리 과정을 거쳐 음식을 만듦. 또는 그 음식.
〈さまざまな調理過程を経て食べ物を作ること。またその食べ物。〉

> 韓国語の「음식（飲食：食べ物のこと）」は普段食べる食べ物のことですが、「요리（料理）」は、特別な日に特別に腕を奮って作った食べ物です。

요리를 **만들다** (料理を作る)	→	요리를 **만들어요** (料理を作ります)
요리를 **하다** (料理をする)	→	요리를 **해요** (料理をします)
요리를 **먹다** (料理を食べる)	→	요리를 **먹어요** (料理を食べます)
요리가 **맛있다** (料理がおいしい)	→	요리가 **맛있어요** (料理がおいしいです)
요리가 **푸짐하다** (料理が豊富だ)	→	요리가 **푸짐해요** (料理が豊富です)

243 旅行 여행

집을 떠나 잠시 다른 나라나 지역에 가는 일.
〈家を離れてしばらく他の土地へ行くこと。〉

韓国には「효도여행（孝道旅行）」というのがありますが、「효도（孝道）」とは、親孝行ということで、子どもが親の旅費を賄う旅行のことです。

여행을 **가다** （旅行に行く）	→	여행을 **가요** （旅行に行きます）
여행을 **오다** （旅行に来る）	→	여행을 **와요** （旅行に来ます）
여행을 **떠나다** （旅行に出る）	→	여행을 **떠나요** （旅行に出ます）
여행을 **다니다** （旅行して回る）	→	여행을 **다녀요** （旅行して回ります）
여행을 **다녀오다** （旅行に行って来る）	→	여행을 **다녀와요** （旅行に行って来ます）

リンゴ 사과 244

모양이 둥글고 맛은 새콤달콤한 과일.
〈形が丸く、味は甘酸っぱい果物。〉

韓国人は「リンゴ」という言葉を聞くと「梨」を連想する場合が多いです。秋口になると果物屋には「リンゴ」と「梨」が山積みされ、並べられることが多いからです。

사과를 **깎다** (リンゴを剝く)	→	사과를 **깎아요** (リンゴを剝きます)
사과를 **자르다** (リンゴを切る)	→	사과를 **잘라요** (リンゴを切ります)
사과가 **열리다** (リンゴがなる)	→	사과가 **열려요** (リンゴがなります)
사과가 **떨어지다** (リンゴが落ちる)	→	사과가 **떨어져요** (リンゴが落ちます)
사과가 **빨갛다** (リンゴが赤い)	→	사과가 **빨개요** (リンゴが赤いです)

245 冷蔵庫 냉장고

음식물을 낮은 온도에서 보관하는 가전제품.
〈食べ物を低い温度で保存する家電製品。〉

韓国では各家庭に通常の冷蔵庫の他に、おもにキムチを保存するための「김치냉장고（キムチ冷蔵庫）」があります。

냉장고를 **열다** (冷蔵庫を開ける)	→	냉장고를 **열어요** (冷蔵庫を開けます)
냉장고를 **닫다** (冷蔵庫を閉める)	→	냉장고를 **닫아요** (冷蔵庫を閉めます)
냉장고에 **넣다** (冷蔵庫に入れる)	→	냉장고에 **넣어요** (冷蔵庫に入れます)
냉장고에서 **꺼내다** (冷蔵庫から出す)	→	냉장고에서 **꺼내요** (冷蔵庫から出します)
냉장고에 **보관하다** (冷蔵庫に保管する)	→	냉장고에 **보관해요** (冷蔵庫に保管します)

用言活用
一覧表

〈正則用言〉

活用の種類	基本形	語幹	活用形Ⅰ	活用形Ⅱ	活用形Ⅲ
	用言の語尾はすべて - 다で終わる。	語尾 - 다を取る。	語幹と同じ。	母音で終わる語幹は語幹のまま。 子音で終わる語幹は으をつける。	語幹の最後の母音が ├、⊥、┣の場合は아、その他の場合は어をつける。
子音 語幹	받다 もらう	받-	받-	받으-	받아
	좋다 よい	좋-	좋-	좋으-	좋아
	먹다 食べる	먹-	먹-	먹으-	먹어
	있다 ある・いる	있-	있-	있으-	있어
ㄹ語幹*1	놀다 遊ぶ	놀-		놀- /노-*2	놀아
	길다 長い	길-		길- /기-*2	길어
母音 語幹 ├	가다 行く	가-		가-	가 (⊕가아*3)
ㅐ	내다 行く	내-		내-	내 (⊕내어)
┤	서다 立つ	서-		서-	서 (⊕서어*3)
ㅔ	세다 行く	세-		세-	세 (⊕세어)
ㅕ	펴다 開く	펴-		펴-	펴 (⊕펴어*3)
⊥	보다 見る	보-		보-	봐 (⊕보아)
	오다 来る	오-		오-	와 (⊕*오아*3)
ㅚ	되다 成る	되-		되-	돼 (⊕되어)
ㅜ	주다 与える	주-		주-	줘 (⊕주어)
ㅟ	쉬다 休む	쉬-		쉬-	쉬어
ㅢ	띄다 (目に)つく	띄-		띄-	띄어
│	마시다 飲む	마시-		마시-	마셔 (⊕마시어)
	치다 打つ	치-		치-	쳐 (⊕치어*3)
	-이다 ～である	-이-		-이-	-여 (⊕ -이어)
後に続く語尾など			- 겠 -、- 고、 - 는 -、- 니？、 - 지 など	- ㄴ、- 니 (까)、 - ㄹ (수 있다)、 - 면、- 면서、 - 세요 など	- 도、- 라、 - 从다、- 서、 - 야、- 요 など

◆1……ㄹ語幹：語幹末がㄹのすべての動詞や形容詞。

〈動詞〉걸다 かける、날다 飛ぶ、놀다 遊ぶ、돌다 回る、만들다 作る、불다 吹く、살다 住む・暮らす、알다 知る・分かる、열다 開く、울다 泣く、팔다 売る など。

〈形容詞〉가늘다 細い、길다 長い、달다 甘い、둥글다 丸い、멀다 遠い、힘들다 大変だ など。

◆2……後に s (人)、p (ㅂ)、o (오)、r (パッチムのㄹ)、n (ㄴ) などの語尾が続くときは語幹のパッチムの'ㄹ'はスポ～ン (sporn) と抜ける。

◆3……この形では使用しない。

257

〈変則用語〉

活用の種類		基本形	語幹	活用形Ⅰ	活用形Ⅱ	活用形Ⅲ
		語尾はすべて -다で終わる。	語尾 -다を取る。	語幹と同じ。	母音で終わる語幹は語幹のまま。子音で終わる語幹は으をつける。	語幹の最後の母音がㅏ、ㅗ、ㅑの場合は아、その他の場合は어をつける。
子音語幹	陽	깨닫다 気づく	깨닫-	깨닫-	깨달으-	깨달아
ㄷ*1 変則	陰	듣다 聞く	듣-	듣-	들으-	들어
ㅂ*2 変則	陽	가깝다 近い	가깝-	가깝-	가까우-	가까워
	陽	돕다 助ける	돕-	돕-	도우-	도와
	陰	춥다 寒い	춥-	춥-	추우-	추워
ㅅ*3 変則	陽	낫다 治る	낫-	낫-	나으-	나아
	陰	짓다 作る	짓-	짓-	지으-	지어
ㅎ*4 変則	陽	빨갛다 赤い	빨갛-	빨갛-	빨가-	빨개
	陰	그렇다 そうだ	그렇-	그렇-	그러-	그래
		부옇다 白い	부옇-	부옇-	부여-	부얘
母音語幹 ㄹ*5 変則	陽	빠르다 速い	빠르-		빠르-	빨라
	陰	부르다 呼ぶ	부르-		부르-	불러
러*6 変則	陽	푸르다 青い	푸르-		푸르-	푸르러
어*7 変則	陰	그러다 そうだ	그러-		그러-	그래
여*8 変則	陽	하다 する	하-		하-	해 (←하여)
우*9 変則	陰	푸다 汲む	푸-		푸-	퍼
으*10 変則	陽	바쁘다 忙しい	바쁘-		바쁘-	바빠
	陰	치르다 支払う	치르-		치르-	치러
	陰	쓰다 書く・使う	쓰-		쓰-	써
後に続く語尾など				-겠-、-고、-는、-니?、-지など	-ㄴ、-니(까)、-ㄹ(수 있다)、-면、-면서、-세요など	-도、-라、-쓰다、-서、-야、-요など

変則活用について

◆1……ㄷ変則:語幹末がㄷの一部の動詞。形容詞はない。
〈動詞〉걷다 歩く、깨닫다 気づく、듣다 聞く、묻다 問う、싣다 載せるなど。ただし、묻다 埋めるは正則。

◆2……ㅂ変則:語幹末がㅂの形容詞の大部分。ㅂ変則の動詞は굽다、눕다、돕다などわずか。
〈動詞〉굽다 焼く、눕다 横になる、돕다 助ける、줍다 拾うなど。
〈形容詞〉가깝다 近い、가볍다 軽い、고맙다 ありがたい、곱다 きれいだ、괴롭다 苦しい、굽다 焼く、귀엽다 かわいい、더럽다 汚い、덥다 暑い、두껍다 厚い、뜨겁다 熱い、맵다 辛い、무겁다 重い、무섭다 怖い、밉다 憎い、반갑다 嬉しい、부끄럽다 恥ずかしい、부드럽다 柔らかい、부럽다 うらやましい、새롭다 新しい、쉽다 易しい、시끄럽다 うるさい、아름답다 美しい、어둡다 暗い、어렵다 難しい、즐겁다 楽しい、춥다 寒いなど。

♂ 動詞の뽑다 抜く、씹다 噛む、업다 負ぶう、입다 着る、잡다 捕まえる・取る、접다 折る、집다 掴むなど、形容詞の굽다 曲がっている、수줍다 内気だ、좁다 狭いなどは正則。

◆3……**人変則**：語幹末が人の動詞の一部。形容詞は낫다のみ。

〈動詞〉긋다（線を）引く、낫다 治る、붓다 注ぐ、잇다 つなぐ、짓다 作るなど。

〈形容詞〉낫다 ましだ

♂ 動詞の뺏앗다 奪う、벗다 脱ぐ、솟다 抜き出る、씻다 洗うなどは正則。

◆4……**ㅎ変則**：語幹末がㅎの形容詞。좋다よいを除く。動詞はない。

〈形容詞〉그렇다 そうだ、까맣다 黒い、노랗다 黄色い、빨갛다 赤い、어떻다 どうだ、이렇다 こうだ、저렇다 ああだ、파랗다 青い、하얗다 白いなど。

◆5……**르変則**：語幹末が르の動詞・形容詞の多く。語幹末르が活用形Ⅲでㄹ르に変わる。

〈動詞〉가르다 分ける、고르다 選ぶ、기르다 育てる、나르다 運ぶ、누르다 押さえる、두르다 回す、마르다 渇く・乾く、머무르다 留まる、모르다 知らない、바르다 塗る、부르다 呼ぶ・歌う、서두르다 急ぐ、오르다 上がる・登る、자르다 切る、조르다 ねだる、흐르다 流れるなど。

〈形容詞〉게으르다 怠けている、다르다 違う、바르다 正しい、이르다 早いなど

♂ 다다르다 至る、들르다 寄る、따르다 従う、치르다 支払うは、으 語幹。

◆6……**러変則**：語幹末が르の動詞・形容詞のごく一部。語幹末르が活用形Ⅲで르러に変わる。

〈動詞〉이르다 至る。

〈形容詞〉누르다 黄色い、푸르다 青いなど。

◆7…**어変則**：語幹末がㅓの動詞の一部。

〈動詞〉그러다 そうする、어쩌다 どうする 이러다 こうする、저러다 ああするなど。

◆8……**여変則**：하다で終わる全ての動詞や形容詞。

〈動詞〉결혼하다 結婚する、공부하다 勉強する、노래하다 歌う、무리하다 無理する、보고하다 報告する、빨래하다 洗濯する、산책하다 散歩する、생각하다 考える、생활하다 生活する、세수하다 顔を洗う、소개하다 紹介する、숙제하다 宿題する、일하다 働く、운동하다 運動する、운전하다 運転する、전화하다 電話する、찬성하다 賛成する、청소하다 掃除する、칭찬하다 ほめるなど。

〈形容詞〉강하다 強い、따뜻하다 暖かい、딱딱하다 固い、똑똑하다 賢い、불쌍하다 かわいそうだ、불편하다 不便だ、비슷하다 似ている、산뜻하다 さっぱりする、수수하다 地味だ、시원하다 涼しい、심심하다 退屈だ、용감하다 勇敢だ、조용하다 静かだ、중요하다 重要だ、차분하다 落ち着いている、축축하다 湿っぽい、튼튼하다 丈夫だ、편리하다 便利だ、화려하다 華やかだなど。

◆9……**우変則**：語幹末ㅜが活用形Ⅲの前で脱落する。푸다汲むのみ。

〈動詞〉푸다 汲む。

◆10…**으変則**：語幹末母音が一の動詞や形容詞。活用形Ⅲのとき、語幹が2音節以上の場合は、一の直前の音節が陽母音（바쁘다）ならばーが落ちてㅏ（바빠）が付き、陰母音（슬프다）ならばーが落ちてㅓ（슬퍼）が付く。語幹が1音節（쓰다）の場合は、一が落ちてㅓ（써）が付く。

ただし、「으変則」は韓国の学校文法では変則扱いをしない。

〈動詞〉끄다 消す、뜨다 浮かぶ、쓰다 書く・使う、고프다 (お腹が) すく、따르다 従う、모으다 集める、들르다 立ち寄る、치르다 支払うなど。

〈形容詞〉나쁘다 悪い、바쁘다 忙しい、아프다 痛いなど。

259

索引

ㄱ

가게 店	233
가방 カバン	071
가위 ハサミ	186
가을 秋	014
가슴 胸	236
가족 家族	068
감기 風邪	067
값 値段	184
강 川	074
개 犬	029
거울 鏡	062
건강 健康	098
겨울 冬	214
경치 景色	096
결혼 結婚	097
경찰 警察	095
고양이 猫	103
고추 唐辛子	164
고기 肉	179
공 ボール	223
공부 勉強	219
공원 公園	100
공항 空港	084
과일 果物	086
과자 お菓子	045
교실 教室	081
교통 交通	101
구경 見物	099
구두 靴	088
구름 雲	091
국 スープ	136
군대 軍隊	094
군인 軍人	093
그것 それ	110
그릇 器	036
그림 絵	039
글 文、文字	216
글자 字	117
기분 気分	078
길 道	234
김치 キムチ	079
꿈 夢	247
꽃 花	192
끝 終わり	057

ㄴ

나이 歳	168
나무 木	076
날씨 天気	160
날짜 日にち・日取り	206
남쪽 南	202
낮 昼	209
내일 明日	019
노래 歌	034
남자 男	052
눈물 涙	177
냄새 におい	178
넥타이 ネクタイ	182

눈 目		237
눈 雪		247
냉장고 冷蔵庫		256

ㄷ

다리 橋		187
다리 脚		017
돈 お金		046
동생 弟（妹）		051
대학 大学		142
단어 単語		147
달 月		154
담배 タバコ		145
도서관 図書館		169
드라마 ドラマ		172
도시락 弁当		220
동물 動物		165
동쪽 東		202
돼지 豚		212
뒤 後ろ		228
떡 餅		241
딸 娘		235
땀 汗		020
때 時		166
땅 土地		170
뜻 意味		031

ㄹ

라디오 ラジオ		251
라면 ラーメン		250

ㅁ

마음 心		103
말 言葉		106
맛 味		018
매일 毎日		227
맥주 ビール		201
머리 頭		021
멋 おしゃれ、趣		049
메일 メール		238
모자 帽子		221
몸 体		073
목 首、喉		090
문 門		240
문제 問題		242
물 水		232
미국 アメリカ		024

ㅂ

바다 海		037
바람 風		066
발 足		016
밖 外		035
반찬 おかず		044
발음 発音		191
밥 ご飯		108
밤 夜		209
방 部屋		218

방송 放送		222
배 お腹		055
배 船		213
버스 バス		190
번호 番号		198
별 星		224
병 病気		208
병원 病院		207
부모 両親、父母		252
부부 夫婦		210
북쪽 北		202
불 火、灯り		199
봄 春		196
비행기 飛行機		204
빛 光		203
비 雨		023
빵 パン		197

ㅅ

사과 リンゴ		255
사랑 愛・恋		012
사람 人		202
사이 仲		174
사전 辞典、辞書		122
사진 写真		124
산 山		245
새 鳥		173
색깔 色		032
생각 考え		075
생선 魚		112

생일 誕生日		148
서쪽 西		202
선물 プレゼント、贈り物		215
선생님 先生		140
설탕 砂糖		116
소금 塩		118
소리 音		050
소설 小説		128
손 手		157
손님 お客さん		047
수박 スイカ		134
수업 授業		125
숙제 宿題		126
숟가락 スプーン		188
술 酒		113
숫자 数字、数		135
스포츠 スポーツ		138
시간 時間		119
시계 時計		167
시장 市場		028
시험 試験		120
식당 食堂		130
식사 食事		129
신문 新聞		132
신발 靴		087
쓰레기 ゴミ		109

ㅇ

아들 息子		235
아래 下		033

아이 子ども		107
아침 朝・朝ご飯		015
아파트 マンション		230
안 内、中		035
안경 メガネ		239
앞 前		228
약 薬		085
양말 靴下		089
야구 野球		243
약속 約束		244
어느것 どれ		110
어머니 お母さん		043
어른 大人		053
어린이 子ども		107
어깨 肩		069
얼굴 顔		061
여름 夏		175
여자 女		052
여행 旅行		254
영화 映画		040
영어 英語		041
연필 鉛筆		042
열쇠 鍵		063
옆 横、隣		249
오늘 今日		080
오른쪽 右		231
오빠 兄		022
올해 今年		105
옷 服		211
외국 外国		059
왼쪽 左		231

요일 曜日		248
요리 料理		253
우산 傘		065
우표 切手		077
우유 牛乳		082
운동 運動		038
위 上		033
은행 銀行		083
음식 食べ物		146
음악 音楽		058
의사 医者		026
의자 椅子		027
이 歯		185
이것 これ		110
이름 名前		176
이야기 話		194
인기 人気		181
인사 あいさつ		013
일 仕事		121
일 こと		121
입 口		087

자동차 車		092
자리 席		139
자전거 自転車		123
잠 睡眠		133
잡지 雑誌		115
저것 あれ		110
전기 電気		161

263

전화 電話	162	
점심 お昼ご飯	056	
젓가락 箸	188	
종이 紙	072	
지갑 財布	111	
지금 今	030	
지도 地図	153	
지하철 地下鉄	150	
짐 荷物	180	
집 家	025	
창문 窓	229	
책 本	226	
책상 机	155	
처음 初めて	189	
축구 サッカー	114	
춤 踊り	054	
취미 趣味	127	
치약 歯磨き粉	195	
치마 スカート	137	
친구 友達	171	
침대 ベッド	217	

커피 コーヒー	102
코 鼻	193
키 身長	131

택시 タクシー	143

텔레비전 テレビ	159

표 チケット	152
편지 手紙	158
피 血	149
피아노 ピアノ	200

하늘 空	141
학교 学校	070
학생 学生	064
할머니 おばあさん	048
할아버지 おじいさん	048
해 太陽	143
허리 腰	104
형 兄	022
호텔 ホテル	225
화장실 トイレ	163
회사 会社	060
흙 土	156
힘 力	151

チョ・ヒチョル（曺喜澈）

元東海大学教授。2009〜10年度「NHK TV テレビで
ハングル講座」講師。著書に『ようこそ！韓国語の世
界へ』（共著、駿河台出版社）、『1時間でハングルが読める
ようになる本』（学研）、『本気で学ぶ韓国語』（ベレ出版）
など。

韓国語
コロケーション
名詞編
MP3対応
CD-ROM付

2019年10月19日　　初版1刷発行

著者・・・・・・・・・・・・・・・・・・・・・チョ・ヒチョル
ナレーション・・・・・・・・・・・・・元順暎　一色令子
装丁・本文デザイン・・・・・・浅妻健司
DTP・印刷・製本・・・・・・・・株式会社フォレスト
発行・・・・・・・・・・・・・・・・・・・・・株式会社駿河台出版社
　　　　　　　　　　　〒101-0062 東京都千代田区神田駿河台3-7
　　　　　　　　　　　TEL 03-3291-1676　FAX 03-3291-1675
　　　　　　　　　　　www.e-surugadai.com
発行人・・・・・・・・・・・・・・・・・・井田洋二

許可なしに転載、複製することを禁じます。落丁本、乱丁本はお取り替えいたします。
©CHO HEECHUL 2019　Printed in Japan　ISBN978-4-411-03126-6　C1087